Pedro Calderón de la Barca

Luis Pérez
el gallego

Barcelona **2024**
Linkgua-ediciones.com

Créditos

Título original: Luis Pérez el gallego.

© 2024, Red ediciones S.L.

e-mail: info@Linkgua-ediciones.com

Diseño de cubierta: Michel Mallard.

ISBN tapa dura: 978-84-1126-198-2.
ISBN rústica: 978-84-9816-448-0.
ISBN ebook: 978-84-9953-326-1.

Sumario

Brevísima presentación

La vida

Pedro Calderón de la Barca (Madrid, 1600-Madrid, 1681). España.

Su padre era noble y escribano en el consejo de hacienda del rey. Se educó en el colegio imperial de los jesuitas y más tarde entró en las universidades de Alcalá y Salamanca, aunque no se sabe si llegó a graduarse.

Tuvo una juventud turbulenta. Incluso se le acusa de la muerte de algunos de sus enemigos. En 1621 se negó a ser sacerdote, y poco después, en 1623, empezó a escribir y estrenar obras de teatro. Escribió más de ciento veinte, otra docena larga en colaboración y alrededor de setenta autos sacramentales. Sus primeros estrenos fueron en corrales.

Lope de Vega elogió sus obras, pero en 1629 dejaron de ser amigos tras un extraño incidente: un hermano de Calderón fue agredido y, éste al perseguir al atacante, entró en un convento donde vivía como monja la hija de Lope. Nadie sabe qué pasó.

Entre 1635 y 1637, Calderón de la Barca fue nombrado caballero de la Orden de Santiago. Por entonces publicó veinticuatro comedias en dos volúmenes y La vida es sueño (1636), su obra más célebre. En la década siguiente vivió en Cataluña y, entre 1640 y 1642, combatió con las tropas castellanas. Sin embargo, su salud se quebrantó y abandonó la vida militar. Entre 1647 y 1649 la muerte de la reina y después la del príncipe heredero provocaron el cierre de los teatros, por lo que Calderón tuvo que limitarse a escribir autos sacramentales.

Calderón murió mientras trabajaba en una comedia dedicada a la reina María Luisa, mujer de Carlos II el Hechizado. Su hermano José, hombre pendenciero, fue uno de sus editores más fieles.

Personajes

Luis Pérez
Manuel Méndez
Don Alonso de Tordoya
Juan Bautista
Pedro, gracioso
Almirante de Portugal
Leonardo
Corregidor
Juez Pesquisidor
Isabel, hermana de Luis Pérez
Doña Juana
Doña Leonor
Casilda, criada
Alguacil I
Alguacil II
Alguacil III
Alguacil IV
Villano I
Villano II
Soldado I
Soldado II
Criados

Jornada primera

(Salen Luis Pérez, con la daga desnuda detrás de Pedro, e Isabel y Casilda, deteniéndole.)

Isabel   ¡Huye, Pedro!

Luis   ¿Dónde ha de ir,
                      si yo le sigo?

Pedro   Las dos
                      le detened.

Luis   ¡Vive Dios,
                      que a mi mano has de morir!

Isabel   ¿Por qué le tratas así
                      tan riguroso y cruel?

Luis   Por vengar, ingrata, en él
                      las ofensas que hay en ti.

Isabel   No te entiendo.

Luis   Deja, pues,
                      que mate a quien me ofendió,
                      aleve hermana; que yo
                      me declararé después
                         contigo, y saldrá del pecho,
                      envuelto en iras y enojos,
                      por la boca y por los ojos
                      todo el corazón deshecho.

Isabel   Cuando formas en mi daño

máquinas y presunciones,
aunque extraño tus acciones,
mal tus razones extraño.
    ¿Tú descompuesto contigo,
necio, atrevido, villano,
mi enemigo y no mi hermano?

Luis   Y dices bien tu enemigo,
            pues el acero que ves,
        bañado quizá algún día
        en la sangre tuya y mía,
        pondrá un agravio a mis pies.

Pedro (Aparte.)   (En tanto que quien metió
        paz en la ajena pendencia
        lleva lo peor, la ausencia
        me valga; que, ausente yo
            de este soberbio tirano,
        seguro resistiré
        con fuga de guardapié
        la daga de guardamano.
            Adiós, patria; que es forzoso
        no volver a verte más.)

Luis   Pedro, oye; pues que te vas
        más libre y más venturoso
            que tu traición mereció,
        advierte que desde aquí
        te guardes siempre de mí;
        porque, si por dicha yo
            de aquí a mil años te veo
        al cabo del mundo, allí
        no estás seguro de mí.

Pedro   Yo lo oigo y yo lo creo,
                          y de la difinitiva
                no apelo, que la consiento.
                Y en cuanto a su cumplimiento,
                pues me permites que viva
                          ausente, digo que iré,
                por complacer tus deseos,
                a vivir entre pigmeos.
                Mayor venganza no sé
                          que a tus agravios se deba
                que es, huyendo de tus manos,
                ir a vivir entre enanos
                un desterrado hijo de Eva.

(Vanse Pedro y Casilda.)

Isabel   Ya se fue; solo has quedado
                conmigo, y he de saber
                qué causa llegó a tener
                tu deseo o tu cuidado.

Luis   Hermana, ipluguiera a Dios
                que nunca mi hermana fueras,
                porque al nacer no pusieras
                este nudo entre los dos!
                        ¿Tú piensas que de ignorante
                he visto y disimulado,
                he conocido, he callado
                los extremos de un amante
                        que te sirve y que pretende,
                no solo manchar tu honor,
                sino la sangre y valor
                que de tus padres desciende?
                        Pues no, Isabel, no he sufrido

esta ofensa, este desprecio
de inadvertido y de necio,
sino de cuerdo, advertido
　y prudente, por medir
mi sentimiento mejor;
que los celos del honor
una vez se han de pedir.
　Y, supuesto que ha de ser
una vez sola y que estoy
en la ocasión, solo hoy
mi sentimiento he de hacer
　público; por esto, hermana,
sabe hoy de mí que lo sé;
y si no, yo lo diré
de otra manera mañana.
　Juan Bautista es quien desea
favores tuyos. Sospecho
que no hay valor en su pecho
para que tu esposo sea.
　Esto basta que te diga
por ahora el labio mío,
por no decir que es judío.
Este cuidado me obliga
　a salir de Salvatierra;
que no fue en vano el venir
a nuestra quinta a vivir
las entrañas de una sierra.
　Y aun aquí no estoy seguro,
pues con aquese criado
este papel te ha enviado,
por cuya ocasión procuro
　darle muerte. Tú llegaste,
colérico declaré
lo que ha tanto que callé;

habértelo dicho baste,
   para que haya alguna enmienda
de este amor entre los dos;
porque si no, ¡vive Dios,
que si llego a que él entienda
   que este recelo he tenido,
y que no lo he remediado,
que, loco y deseperado,
colérico y atrevido,
   le ponga a su casa fuego,
quitando a la Inquisición
ese trabajo.

Isabel
               Bien son
de hombre colérico y ciego
   tus razones, pues a mí,
sin prevenir su disculpa,
me haces dueño de la culpa
que no tengo.

Luis
              ¿Cómo así?

Isabel
   Como cualquiera mujer
nace sujeta a los daños
que en lisonjeros engaños
causa nuestro proceder.

Luis
   Dijeras, hermana, bien,
y esa disculpa lo fuera,
cuando el papel no me diera
color e indicio también
   de que tú...

Isabel
           Calla; que ha sido

13

mucho apurar. ¿Qué me quieres,
Luis? Considera que eres
mi hermano, no mi marido.
    Y, no siéndolo, si fueras
cuerdo en aquesta ocasión,
cualquiera satisfacción
estimaras y admitieras,
    porque es mejor engañarse
quien no puede remediar
el daño que no esperar
a que llegue a declararse
    del todo. Yo soy tu hermana,
mis obligaciones sé.
Hoy digo esto, y lo diré
de otra manera mañana.

(Vase.)

Luis   Dices bien; pues mejor fuera,
con cautela o con engaño,
que disimulara el daño
la satisfacción primera.
    Yo lo erré; ya de otra suerte
me importará proceder.
¡Ay hermana, tú has de ser
causa infeliz de mi muerte!

(Sale Casilda.)

Casilda   Un gallardo portugués
a nuestra quinta ha llegado.
Pregunta por ti.

Luis (Aparte.)   (Cuidado,

                    disimulemos.) Di, pues,
                    que entre.

(Vase Casilda. Sale Manuel Méndez.)

Manuel   Si más tardara,
                    Luis Pérez, esta licencia,
                    mi deseo o mi paciencia
                    otro instante no esperara.

Luis   Mil veces, Manuel, me da
                    los brazos, que el nudo fuerte,
                    aunque le rompa la muerte,
                    desatarle no podrá.
                        ¿Qué buena venida es ésta?
                    ¿Vos en Salvatierra?

Manuel   Sí;
                    y el haber llegado aquí
                    muchos cuidados me cuesta
                        y peligros de la vida.

Luis   Pesárame que vengáis
                    sin gusto.

Manuel   Si vos me honráis,
                    todo mi dolor se olvida.

Luis   Hasta saber qué tenéis
                    y qué causa os ha traído
                    aquí y qué os ha sucedido
                    en Portugal, me tendréis
                        cuidadoso. Y, aunque sea
                    demasiada ejecución

en la primera ocasión
saberlo, tanto desea
  partir vuestro sentimiento
mi pecho que me ha obligado
a salir deste cuidado.
¿Qué tenéis?

Manuel   Estadme atento.
  Ya os acordaréis, Luis Pérez,
si no es que la ausencia ha hecho
su oficio en vuestra amistad,
de aquel venturoso tiempo
que mi huésped en Lisboa
vivisteis, por los sucesos
que de Castilla os llevaron
a honrar mi casa. Mas esto
no es del caso; ahora en el mío
a lo que importa lleguemos.
Ya os acordaréis también
de aquel venturoso empleo
que tuvo dentro de mí
cautivo mi entendimiento.
No tengo que encarecer
de mi pasión los extremos;
soy portugués, esto baste,
pues todo lo digo en esto.
Doña Juana de Meneses
es el adorado dueño
de mi vida, imagen bella,
en cuyo encarecimiento
torpe desmaya la voz,
mudo fallece el aliento,
por ser deidad a quien hizo
sacrificio el Amor mesmo,

por ídolo de su altar,
por imagen de su templo.
Amantes vivimos, pues,
dos años en el sosiego
que una voluntad premiada
vive, sin tener más celos
de su divina hermosura
que aquéllos no más, aquéllos
que bastan a despertar
con un temor, con un miedo
la voluntad, pero no
a matarla con desprecios.
Con estos celos vivía
más amante y más contento,
porque sin celos amor
es estar sin alma un cuerpo.
¡Mal haya quien tuvo nunca
por medicina el veneno,
quien entre blandas cenizas
despierta el oculto fuego,
quien ponzoñoso animal
doméstica, quien soberbio
se engolfa a sulcar el mar
por solo entretenimiento!
¡Y mala haya, en fin, quien hace
burla de sus mismos celos!
Pues ése el veneno prueba
que después le deja muerto;
pues ése el áspid regala
que después rompe su pecho;
pues ése el cristal adula
que es después su monumento;
porque al fin los celos son,
ya declarados los celos,

mar soberbio, fuego airado,
áspid vil, dulce veneno.
Fue la ocasión de los míos
un bizarro caballero,
galán, valiente, entendido,
liberal, prudentey cuerdo,
que yo no vengo en su honor
mis penas, aunque las vengo
en su sangre; que una cosa
es matar con el acero
y otra ofender con la lengua.
Y así de mí nunca creo
que le tengo más seguro
que cuando ausente le tengo.
Este caballero, en fin,
—dejando locos rodeos
de imposibles pretensiones
contra su honor y respeto—
la pidió al padre. No os digo,
para decirlo de presto,
sino que era rico; baste,
pues ya he dicho en solo esto
que entre un rico y un avaro
hechos iban los conciertos.
Llegó de la boda el día,
dijera mejor —¡ay cielos!—
de su muerte, porque juntas
bodas y exequias hicieron,
mezclando lutos y galas
su tálamo y monumento.
Porque apenas prevenidos
los amigos y los deudos
estaban, y ya la noche,
tendiendo su manto negro,

bajó más llena de horror,
cuando temerario entro
en su casa y, entre todos,
desesperado y resuelto,
busqué al novio, a quien hablaron
la mano y la lengua a un tiempo.
Aquélla dijo: «Yo soy
de aquesta hermosura dueño»;
y ésta de dos puñaladas
le dejó en la tierra muerto,
imitando trueno y rayo
el puñal con el acento,
dando mi acero la lumbre
y dando su voz el trueno.
Alborotáronse todos,
y yo entre todos dispuesto
a reñir, no por vivir
sino por matar muriendo,
cogí, saliéndome altivo,
que entre el ruido y el estruendo
no fue muy dificultoso,
a doña Juana, a quien luego
puse en un caballo —mal
digo— en un alado viento,
tan veloz... Mas ¿para qué
su ligereza encarezco,
pues basta decir que fue
tan obediente y ligero
que me pareció veloz
a mí, con venir huyendo?
La raya de Portugal
pasamos, y ya en el suelo
castellano saludamos
su tierra, que es nuestro puerto.

A Salvatierra venimos,
seguros de que hallaremos
en vos amparo, Luis Pérez.

(Arrodíllase.)   A vuestro pies estoy puesto;
amigos somos los dos,
y amigos tan verdaderos
que a nuestra amistad le debe
láminas de bronce el tiempo.
Hospedad a un infeliz,
no tanto, amigo, por serlo
como porque a vuestras plantas
de vos se vale; que es cierto
que es obligación que debe
un noble; y, si no por esto,
por una dama a quien yo
en esa alameda dejo
a la orilla de ese río;
porque, hasta hablaros y veros,
no quise que ella viniese
conmigo; y ahora, viniendo
a buscaros, de un criado
supe que en este desierto,
en esta quinta vivís,
donde a vuestros brazos llego
agradecido, obligado,
confiado, satisfecho,
temeroso, perseguido
y enamorado. No puedo
pasar de aquí; que pues dije
enamorado, yo creo
que se me debe el favor
de justicia y de derecho.

Luis   Tan ofendido he quedado

de escuchar los cumplimientos
con que me habláis, Manuel Méndez,
que estoy por no responderos.
Para decirme: «Luis Pérez,
un hidalgo dejo muerto,
conmigo traigo una dama
y a vuestra casa me vengo»,
¿era menester andar
por frases y por rodeos?
Mas quiero enseñaros yo,
dejando encarecimientos,
del modo que habéis de hablar.
Escuchad, Manuel, atento.
Vengáis a esta vuestra casa
por muchos años y buenos,
adonde seréis servido.
Y así volved al momento
donde esa dama dejáis,
y traedla donde creo
que esté segura y gustosa;
que yo en la quinta me quedo
y no salgo a recibirla
porque no sé cumplimientos;
y quiero quedarme aquí
a prevenir todo aquello
que a su servicio convenga.

Manuel   Dejad que otra vez el pecho
agradecido os conozca
por amigo verdadero.

Luis   Andad, señor; que estará,
viéndose en extraño suelo,
con cuidado esa señora;

y no es justo deteneros.

(Vase Manuel.)

¡Isabel!

(Sale Isabel.)

Isabel   ¿Qué es lo que quieres?

Luis   Decirte que, si algún tiempo
te ha merecido mi amor
algún agradecimiento,
en esta ocasión lo muestres.
Deja el enojo y no demos
que decir a los extraños;
que para todo habrá tiempo;
porque has de saber que en casa
unos huéspedes tenemos,
a quien debo obligaciones,
y pagárselas pretendo.
Manuel Méndez viene aquí
con su mujer.

Isabel   En aquesto
y en todo te serviré.

(Dentro ruido de espadas.)

Mas ¡valgame Dios! ¿Qué es esto?

Luis   Notable ruido de armas
y voces.

(Dentro.)

Alguacil I	O preso o muerto le hemos de llevar.
Alguacil II	En vano le seguimos.
Isabel	Allí veo un hombre que en un caballo viene de muchos huyendo.
Alguacil I	Tiradle.

(Disparan dentro.)

Isabel	¡Válgate Dios!
Luis	¿Qué fue?
Isabel	Dejáronle muerto de un arcabuzazo.
Luis	Antes fue más felice el suceso, porque las ardientes balas a solo el caballo hirieron. Sangriento queda en la arena y, en pie el caballero puesto, defendiéndose la vida, rayos esgrime de acero.
Isabel	Ya, de todos acosado, llega a nuestra quinta.

(Sale don Alonso con la espada desnuda.)

Alonso   ¡Cielos,
amparad a un desdichado
que ya, rendido el aliento,
desfallece!

Luis   Pues, señor
don Alonso, ¿qué es aquesto?

Alonso   No me puedo detener
a contarlo; solo os ruego,
Luis Pérez, que me amparéis;
que por lo que dejo hecho,
me importa entrar esta tarde
en Portugal.

Luis   Pues buen pecho,
que para estas ocasiones
es el generoso esfuerzo.
Cerca está la puente ya
de ese río, donde vemos
que se dividen Castilla
y Portugal. Si entráis dentro,
seguro estaréis de cuantos
os siguen; que yo me quedo
en lo estrecho de este monte
y esta quinta a detenerlos.
No os seguirán sin que a mí
me dejen pedazos hecho.

Alonso   En el valor desos brazos
bastante muralla dejo

que me defienda la vida.
¡La vuestra guarden los cielos!

(Vase. Salen el Corregidor, Alguacil I, Alguacil II, y los que pudieren.)

Alguacil I   Por aquesta parte fue.

Luis   Pues, señores, ¿qué es aquesto?
                    ¿A quién buscáis?

Corregidor   ¿Don Alonso
                    de Tordoya no fue huyendo
                    por aquí?

Luis   Ya estará cerca
                    de la puente, porque el viento
                    pienso que le dio sus alas.

Corregidor   Vamos tras él.

Luis   Deteneos.

Corregidor   ¿Qué es detenerme?

Luis   Señor
                    corregidor, ya habéis hecho
                    la diligencia que os toca.
                    No sigáis a un caballero
                    tanto; porque la justicia
                    no ha de extender el derecho
                    que tiene todas las veces.

Corregidor   Quedárame a responderos,
                    si no pensara alcanzarle.

Luis	Escuchad, señor.
Corregidor	Sospecho que pretendéis detenerme.
Luis	Si conveniencias y ruegos no bastan a hacer con vos que no sigáis este intento, cuando por fuerza lo hagáis, no tendré que agradeceros.
Corregidor	¿De qué suerte?
Luis	A cuchilladas. Porque ya una vez dispuesto a defender este paso, he de cumplirlo resuelto. ¡Vive Dios, que ningún hombre de cuantos presentes veo ha de pasar de esta raya!

(Hace una raya.)

Corregidor	¡Matadle!
Luis	¡Quedo, teneos!
Corregidor	¡Matadle!
Alguacil I	¡Muera Luis Pérez!
Luis	¡Gallinas, villanos, perros, canalla, así muero yo!

(Mételos a cuchilladas.)

Alguacil I   ¡Herido estoy!

Alguacil II   ¡Yo estoy muerto!

(Vanse. Salen doña Juana y Manuel.)

Juana   Nunca me ha parecido,
                  Manuel, que a tus finezas he debido
                  otra mayor que ahora,
                  en venir tan apriesa.

Manuel   Mi señora,
                  Amor, que solicita
                  mis glorias, imposibles facilita.
                  No llegué a Salvatierra,
                  que en las entrañas de esta oculta sierra
                  hallé lo que buscaba.
                  En una casa de placer estaba
                  Luis Pérez, un amigo,
                  cuyo valor ofendo si le digo.
                  Aquí vive contento
                  y parece que a nuestro pensamiento
                  el consejo ha pedido,
                  pues aquí nuestro amor más escondido,
                  no entrando en Salvatierra,
                  vivirá más seguro en esta tierra.

Juana   Manuel, quien ha dejado
                  patria, padre y honor, y en este estado
                  aun vive agradecida
                  de que le queda que perder la vida

por ti, nada desea
sino que sola esta montaña sea
templo de la fineza,
venciendo a su firmeza mi firmeza.

(Sale don Alonso.)

Alonso
    ¿Adónde mi destino
me lleva, sin consejo y sin camino,
por aquesta alameda,
sin que el cielo un alivio me conceda?
Aun el aliento mío
ya falta, y ya rendido desconfío
de que pueda librarme.
Cansado en este suelo he de arrojarme.
¡Muerto soy! ¡Ay de mí! ¡Válgame el cielo!

Juana
    Gente siento.

Manuel
    Es verdad; allí en el suelo
rendido un caballero
está, en la mano el desmayado acero.
Lo que es sabré. Señor, ¿estáis herido?

Alonso
    Guárdeos el cielo, hidalgo; que no ha sido
sino cansancio solo; ya me aliento.
Quien presumió parejas con el viento
hoy desmayado yace,
y él es en mí quien tal extremo hace.

Manuel
    El ánimo es valiente,
no desmaye.

(Dentro.)

Voces	Tomad, tomad la puente,
	porque escapar no pueda.
Alonso	Mayor desdicha es la que me queda.
	¿Qué he de hacer? Que esta gente
	es la que me siguió; que, aunque valiente
	un amigo me guarda
	las espaldas, ya el verlos me acobarda,
	porque tengo por cierto,
	pues siguiéndome vienen, que le han muerto.

(Sale Luis Pérez.)

Luis	La puente me han tomado
	y el paso, y aun el cielo se ha cerrado
	para mí. Esta espesura
	será de mi cadáver sepultura.
Manuel	Luis Pérez, pues, ¿qué es esto?
Luis	Una desdicha en que el valor me ha puesto,
	por librar a un amigo
	de la muerte.
Manuel	Conmigo
	ya, Luis Pérez, estáis; muramos juntos;
	pues de amistad y amor somos trasuntos.
Alonso	Quien culpa tiene, y de la causa es dueño,
	también sabrá morir.
Luis (Aparte.)	(En grande empeño
	estoy; mas esto es siempre lo primero.)

Manuel, oíd; lo que rogaros quiero
es que en defensa mía
la espada no saquéis aqueste día;
que, aunque me va la vida
en verla de ese brazo defendida,
me va el honor en veros en mi ausencia
en mi casa. Mirad la diferencia
de la vida al honor.

Manuel   Yo no os entiendo.
Si os vienen a buscar, morir pretendo.
¡Bueno fuera que os viera
reñir, y que la espada me tuviera
en la cinta envainada!

Juana   ¿Adónde habrá mujer más desdichada?

(Dentro.)

Alguacil I   Por aquí van.

Manuel   Ya llegan donde estamos.
Aquí los tres en vano procuramos
de tantos defendernos,
porque habrán de matarnos o prendernos.

Alonso   ¿Qué haremos?

Luis   ¿Tendréis brío
para arrojaros y pasar el río
a nado?

Alonso   Sí, tuviera
valor, Luis Pérez, si nadar supiera.

Luis	Pues no temáis asombros;
	que el río he de pasaros en mis hombros.
	Manuel, determinado
	en esto, honor y vida habré guardado;
	la vida, con ponerme
	en Portugal, pues no podrán prenderme;
	y el honor, con dejaros
	en mi casa. No tengo que explicaros
	más de que dejo en ella
	todo mi honor en una hermana bella.
	Harto os he dicho. Adiós.
Manuel	Yo también digo
	harto en decir que soy un fiel amigo.
	En vuestra casa quedo...
Luis	Decid.
Manuel	...y bien aseguraros puedo
	que no haréis falta vos.

(Coge Luis Pérez a don Alonso y éntrase con él, como arrojándose al río. Hablan dentro.)

Luis	¡Válgame el cielo!
Juana	Delfín humano es ya del ancho hielo.
Luis	Manuel, mi honor os fío.
Manuel	Ya lucha a brazo con el centro frío.
Luis	Mirad por él.

Manuel	En tu lugar me dejas;
	no des al viento repetidas quejas.
Luis	¡Adiós!
Manuel	¿Quién hay que mi desdicha crea?
Juana	¿Dónde iré yo que lástimas no vea?

(Vanse. Salen el Almirante de Portugal y doña Leonor, de caza.)

Almirante	Puesto que el Can del estío
	ni fallece ni declina,
	puedes, hermosa sobrina,
	a la orilla de este río
	descansar de la fatiga
	que te enoja y amenaza.
Leonor	Noble ejercicio es la caza.
	¿A quién no mueve y obliga
	su malicia generosa?
Almirante	Tienes, sobrina, razón,
	que es gallarda imitación
	de la guerra belicosa.
	¿Qué es mirar de canes mil
	cercado un espín valiente,
	defenderse diestramente
	con navajas de marfil?
	A éste hiere, a aquél derriba
	y, sacudiendo derechas
	sus puntas, de humanas flechas
	parece una aljaba viva.

¿Qué es mirar luego un lebrel
que, cuando la presa pierde,
de rabia sus manos muerde,
y vuelve a cerrar con él?
    Y los dos con más fiereza
herir los bizarros cuellos,
ley de duelo que hasta en ellos
puso la naturaleza.

Leonor   ¿A quién no causa alegría
esta lucha imaginada?
Si bien a mí más me agrada
del viento la cetrería.
    ¿Qué es ver, sin mortal desmayo,
una garza —cuyo aliento
átomo es de pluma al viento,
al fuego de pluma rayo,
    y de una y otra suprema
región el término errante
escala— que en un instante
ya se hiela o ya se quema;
    porque con medida tanta
bate las alas, si vuela,
que si las baja, las hiela,
las quema, si las levanta?
    ¿Qué es ver dos halcones luego
hacer puntas, que esto es
batir la vela, y después,
cometas sin luz ni fuego,
    retar la garza, que diestra
corre, siendo a tanto viento
poca valla un elemento,
un cielo poca palestra?
    ¿Y, acudiendo aquí y allí,

de dos contrarios vencida,
bajar en sangre teñida
una estrella carmesí,
   cuya victoria y destreza
no adquieren triunfos más graves?
Que es duelo que hasta en las aves
puso la naturaleza.

(Sale Pedro.)

Pedro (Aparte.)   (¿Qué tierra es ésta? No sé
por dónde camino, lleno
de mil temores. ¡No es bueno,
que cansa el andar a pie!
   A Portugal he pasado,
por ver si hallo en Portugal
consuelo alguno en mi mal,
ya que fui tan desdichado
   alcahuete. ¡Ved qué espantos,
que aun en el primer indicio
vine a perderme en oficio
en que se han ganado tantos!
   ¿Qué he de hacer? Gente hay aquí
y, a lo que el semblante ofrece,
gente principal parece.
Si se doliese de mí,
que soy niño y solo, y nunca en tal me vi.)

Almirante   Si te quieres retirar
a la quinta, porque el Sol,
fénix del cielo y farol
de belleza singular,
   ya se ausenta, llamaré
quien traiga en tanto rigor

un caballo. ¡Hola!

Pedro   ¿Señor?

Almirante   ¿Quién sois vos?

Pedro   Pues yo ¿qué sé?

Almirante   ¿Servísme? Porque no os vi
otra vez en este suelo.
¿Sois mi criado?

Pedro   Serélo,
si no lo soy. Hele aquí
    un cuentecito. Entró un día
en el palacio real
un don Fulano de Tal,
que al rey ni al mundo servía.
    Vio que a la hora de comer
los de la cámara todos,
con mil políticos modos,
porque habían de traer
    las viandas, se quitaban
las capas. El se quitó
la suya, y en el cuerpo entró
donde los demás entraban.
    Un mayordomo llegó,
advirtiendo lo que hacía,
preguntándole si había
jurado; y él respondió,
    «No, señor; mas juraré,
si eso importa.» Lo que quiero
es serviros; que primero
votaré y renegaré,

cuan[t]o más jurar.

Almirante   Humor
              gastáis.

Pedro   No tengo otra cosa
              que gastar; es generosa
              mi mano, y así, señor,
              gasto lo que tengo.

(Dentro Luis Pérez.)

Luis   ¡Ay triste!

Leonor   ¿Qué voz es aquélla, cielos?

Almirante   Sobre ese campo de hielos
              un hombre a brazos resiste
                de las ondas el furor.

Leonor   Y ya entre abismos y asombros
              intenta sobre los hombros
              librar de tanto rigor
                a otro infelice.

(Dentro don Alonso.)

Alonso   ¡Ay de mí!

Almirante   Llegad y socorreréis
              ese hombre, y así tendréis
              mi gracia.

Pedro   Si desde aquí

basto, yo socorreré
sus desdichas. Mas, señor,
soy pesado nadador.

Leonor   Ya la arena puerto fue
de su tormenta.

(Salen Luis Pérez y don Alonso, mojados.)

Alonso   ¡Divinos
cielos, mil gracias os doy!

Luis   ¡Vive Cristo, que ya estoy
libre de esos cristalinos
ímpetus!

Almirante   Llegad, llegad;
que daros favor deseo.

Pedro (Aparte.)   Ahora sí... (Mas ¿qué veo?)

(Vase retirando Pedro.)

Almirante   ¿A tanta necesidad
os retiráis?

Pedro   Yo nací
piadoso y, viendo a los dos,
(Aparte.)   me desmayo. (¡Vive Dios,
que se ha venido tras mí
Luis Pérez, por castigar
aquella alcahuetería
de su hermana y ama mía!
Cierto es, me viene a matar.

De aquí me importa a la guerra
ir; pues en desdicha tal,
de Castilla y Portugal
en un día me destierra.)

(Yéndose.)

Almirante   ¿Adónde vais?

Pedro   Hame dado
de repente un accidente
y así me voy de repente;
y lo jurado jurado.

(Vase.)

Almirante   Él es loco. ¡Ha, caballero!
Dad al aliento valor
en mis brazos.

Alonso   Hoy, señor,
la vida de vos espero.

Almirante   ¿Quién sois? Porque me han movido
vuestras desdichas aquí;
bien podéis fiaros de mí.

Alonso   Por no hablar inadvertido,
sepa quién sois, y sabréis
por qué en este estado estoy.

Almirante   Sí haré. El almirante soy
de Portugal. Bien podéis
declararos ya; que labra

tanto la piedad en mí
que de ampararos aquí
os doy la mano y palabra.

Alonso   Yo la acepto; y ahora digo
que soy de la ilustre casa
de los Tordoyas, linaje
en toda aquesta comarca
estimado. Don Alonso
es mi nombre. Esta mañana,
celoso de un caballero,
entré en casa de una dama.
Halléle en ella y le dije
que en el campo le esperaba.
Salió en fin, como quien era,
con su capa y con su espada;
reñimos, cayó en la tierra
muerto de dos estocadas.
¡Desdicha fue! En este punto
ya todo el lugar estaba
alborotado, y salió
la justicia a la campaña.
Quiso prenderme; escapéme
en un caballo a quien alas
le ofreció mi pensamiento,
y a quien la justicia mata
de un arcabuzazo. A pie
corrí y llegué hasta una casa
de placer, a cuya puerta
vi que, por mi dicha, estaba
Luis Pérez.

Luis   Aquí entro yo;
y así diré lo que falta.

Mirando tan perseguido
a don Alonso, y de tanta
gente, le ofrecí guardar
con mi pecho sus espaldas.
Está a la falda del monte
esta casa, que la llaman
de placer, y de pesar
ha sido por mi desgracia;
de suerte que allí se estrecha
el paso a la misma falda;
y así era fuerza que todos
delante de mí pasaran.
Aquí pretendí primero,
ya con corteses palabras,
ya con ruegos, persuadir
al corregidor dejara
de seguir a don Alonso.
No quiso, y con arrogancia
quiso alcanzarle, y lo hiciera
si yo con sola esta espada
no lo defendiera al punto
—¡voto a Dios!— a cuchilladas,
en cuya refriega pienso
que me di tan buena maña
que herí algunos cuatro o cinco.
¡Querrá Dios que no sea nada!
Viéndome, pues, más culpado
ya que don Alonso estaba,
pretendí que me valiese
antes el salto de mata
que ruego de buenos. Viendo
cerrado el paso y tomada
la puente, con don Alonso
en los brazos y la espada

en la boca, arrojé entonces,
como dicen, pecho al agua.
Llegamos aquí, dichosos
mil veces, pues nos ampara
el valor de vuecelencia,
donde no hay que temer nada,
supuesto que de ampararnos
ha dado aquí la palabra.

Almirante   Yo la di, y la cumpliré.

Alonso   Y será fuerza aceptarla;
que es grande el competidor.

Almirante   Pues ¿cómo el muerto se llama?

Alonso   Supuesto que es caballero
digno de toda alabanza,
pues siempre se vieron juntos
el valor y la desgracia,
y que no pierde, en nombrarle,
su nombre, honor, lustre y fama,
es don Diego de Alvarado.

Leonor   ¡Ay de mí! ¡El cielo me valga!
¡Aleve! ¿A mi hermano has muerto?

Almirante   ¡Traidor! ¿Mi sobrino matas?

Luis   ¡Cuerpo de Cristo conmigo,
pues esto ahora nos falta!
Ahora bien, por sí o por no,
volveré a tomar la espada.

(Toma la espada.)

Alonso   Vuecelencia se detenga,
señor, y mire que agravia
en un rendido su acero
si con mi sangre le mancha.
Yo di cuerpo a cuerpo muerte
a don Diego en la campaña,
sin traición ni alevosía,
sin engaño y sin ventaja.
Pues ¿de qué quiere vengarse?
Fuera de esto, ¿la palabra
de vuecelencia, señor,
cuándo en ningún tiempo falta?

Luis   Y si no ¡viven los cielos,
que, si esgrimo la hojarasca
y viene Portugal junto,
de oponerme a la demanda!

Almirante (Aparte.)   (¡Válgame Dios! ¿Qué he de hacer
en confusión tan extraña?
Aquí me llama mi honor,
y allí mi sangre me llama.
Pero partamos la duda.)
Don Alonso, mi palabra
es ley que se escribe en bronce;
dila, y no puedo negarla.
Mas mi venganza también
es ley que en mármol se graba.
Y por cumplir de una vez
mi palabra y mi venganza,
todo el tiempo que estuvieres
en mi tierra, está guardada

42

tu persona; pero advierte
que, al salir de ella, te aguarda
la muerte; que, si ofrecí
defenderte hoy en mi casa,
en mi casa te defiendo;
pero no te di palabra
de guardarte en el ajena.
Y así, poniendo la planta
en tierra del rey, verás
que quien te libra te agravia,
quien te asegura te ofende
y quien te vale te mata.
Vete ahora libre.

Leonor   Espera;
que yo no he dado palabra
de no ofenderte; y así,
puedo tomar la venganza.

Almirante   Tente, sobrina; y advierte
que le defiendo. ¿Qué aguardas?
Vete libre. Di ¿qué esperas?

Alonso   Besar tus invictas plantas
por acción tan generosa.

Almirante   No lo dirás cuando hayas
dado a mi acero la vida.

Alonso   ¿Qué más airosa alabanza
que morir a tales manos?

Leonor   ¡Sin vida voy!

Almirante	¡Voy sin alma!
Alonso	¿Qué dices, Luis Pérez, de esto?
Luis	Que aun mejor está que estaba.
	Déjenos salir de aquí
	hoy, que en su poder nos halla;
	que, una vez allá, veremos
	quién se lleva el gato al agua.

Fin de la primera jornada

Jornada segunda

(Salen Manuel y doña Juana de camino.)

Manuel   Nunca viene solo el mal.

Juana   Es que desdichas y penas
se llaman unas a otras.

Manuel   ¡Ay, Juana, cuánto me pesa
el verte venir así,
peregrinando por tierras
extrañas! Cuando pensé
que Galicia puerto fuera
de nuestra tormenta, ha sido
golfo de mayor tormenta;
pues otro nuevo accidente
nos saca de Salvatierra
y trae a la Andalucía,
corriendo de esta manera
ajenas patrias.

Juana   Manuel,
cuando yo dejé mi tierra
y padres por ti, salí
a más desdichas dispuesta.
No salí yo por vivir
eligiendo esta ni aquella
provincia, sino por solo
vivir contigo, así sea
donde quiera mi desdicha
o donde mi dicha quiera.

Manuel   ¿Cón qué acciones, qué palabras

podrá declarar la lengua
un justo agradecimiento?
Pero dejando finezas
amorosas a una parte,
¿dónde aquel criado queda
que recibí en el camino
para que conmigo venga
a buscarte algún regalo
en tanto que pides treguas
con blando sueño al cansancio?

(Sale Pedro.)

Juana   Ya él a nuestra vista llega.

Pedro   ¿Qué es, señor, lo que me mandas?

Manuel   Que tú conmigo te vengas
por San Lúcar. Tú, mi bien,
retírate donde puedas
descansar.

Juana   Aquí estaré
llorando tu breve ausencia.

(Vase.)

Manuel   Presto volveré a adorarte.
Parece que esta tristeza,
adivina del pesar
que tengo de darla, empieza
a hacer tales sentimientos.

Pedro   ¿Cómo hacer pesar intentas

a una mujer a quien debes
tan peregrinas finezas?
Que, aunque es verdad que yo soy
criado tan nuevo que apenas
conoces por tal, pues solo
ha dos días que me entregas
secretos tuyos, he visto
en mil amorosas muestras
obligaciones muy grandes.

Manuel   No puedo negar la deuda;
mas, Pedro, a fuerza del hado
no hay humana resistencia.
Huyendo de Portugal,
pasé a Galicia, y voy de ella
huyendo a la Andalucía.
Cosas son que el cielo ordena.
No vengo a quedarme aquí;
que tampoco en esta tierra
mi persona está segura,
sino, sirviendo en la guerra,
pasar en esta ocasión
por esa inconstante selva
de espuma y sal a las islas
del norte. ¡Los cielos quieran,
besen sus doradas torres
las católicas banderas!
Listarme quiero, y soldado
guardar la vida a quien cercan
tantas desdichas. Yo apuesto
que tú ahora entre ti piensas
que el dejar aquesta dama
será con infame afrenta
de su honor, poniendo a riesgo

su hermosura con mi ausencia.
Pues no ha de ser de esa suerte,
sino dejándola quieta
y segura en un convento
de San Lúcar donde tenga,
en tanto que vuelvo yo,
aunque es muy poca, mi hacienda;
que a mí la espada me basta.

Pedro   Acción generosa es ésa,
digna de tu gran valor.

(Tocan dentro cajas.)   Pero ¿qué cajas son éstas?

Manuel   Habrá algún cuerpo de guardia
sin duda por aquí cerca,
y saldrán de él.

Pedro   Sí, bien dices;
que allí se ve la bandera.

Manuel   Vámonos llegando allá;
que, pues el primero encuentra
éste mi suerte, en él quiero
sentar la plaza. Tú llega,
pregunta por el alférez;
di que dos hombres intentan
sentarse en su compañía.

(Retírase. Salen dos soldados y Luis Pérez.)

Pedro   Éste que hacia mí se acerca,
dirá de él. Señor soldado,
por cortesía le ruega
un forastero le diga

quién es de aquesta bandera
el alférez?

Soldado I   Aquél es
                    a quien el pecho atraviesa
                    una banda roja.

Pedro   ¿Aquél
                    que tiene buena presencia
                    y está de espaldas ahora?

Soldado I   El mismo.

Luis   Ustedes me tengan
                    por soldado y por amigo.

Soldado II   Todos serviros desean.

(Vanse los soldados.)

Pedro   Solo ha quedado el alférez.
                    Famosa ocasión es ésta.

Luis (Aparte.)   (¡Válgame Dios, qué dichoso
                    en ese estado me viera,
                    si no tuviera un cuidado
                    que me aflige y me atormenta!)

Pedro   Señor alférez…

Luis (Aparte.)   (Que deje
                    yo una hermana tan resuelta
                    en tanto riesgo!)

Pedro	Señor alférez...
Luis (Aparte.)	(¿Qué me aprovecha adquirir aquí el valor, si por más que yo le adquiera por una parte, por otra quiere el cielo que se pierda? Pero en tanta confusión una cosa me consuela, y es que un amigo...)
Pedro (Aparte.)	¡Señor alférez! (A esotra puerta.)
Luis (Aparte.)	(...vive en mi casa y me guarda las espaldas.
Pedro (Aparte.)	(Desta oreja debe de ser sordo. Voy por esotra. ¡Linda flema!) ¡Señor alférez!
Luis	¿Quién llama?
Pedro	Un soldado que desea...
(Túrbase Pedro.)	
	...mas no desea el soldado. Y, si de alguna manera alguna vez deseó, mintió; que atrevida lengua deseó por boca de ganso.

50

(Hace que se va.)

Luis   ¡Aguarda, villano, espera!
               ¿No te acuerdas que te dije
               que en ningún tiempo me vieras,
               porque había de matarte
               en cualquier estado y tierra
               que te hallase?

Pedro   Así es verdad.
               Mas ¿quién hallarte creyera
               hoy alférez en San Lúcar?

Luis   ¡Vive el cielo, que mi afrenta
               he de castigar en ti,
               pues fuiste la causa de ella!

(Acomete a Pedro. Sale Manuel.)

Pedro   ¡Ay, que me matan!

Manuel   ¿Qué veo?
               ¿A mi criado atropella
               un soldado? ¡Ha caballero!
               No sé yo qué causa no mueva
               para que a aquese criado
               se trate de esa manera,
                  sin mirar... Pero ¿qué veo?

Luis   ¡Válgame el cielo! ¿Qué miro?

Manuel   Con justa razón me admiro.

Luis	Con el ansia no lo creo. ¡Manuel!
Manuel	¡Luis! Pues ¿qué es aquesto?

(Abrázanse.)

	¿No fuisteis a Portugal? ¿Qué ocasión en lance tal hoy nuestra amistad ha puesto?

Luis	Y vos, Manuel, ¿no os quedasteis
	en mi casa en Salvatierra?
	¿Con qué ocasión a esta tierra
	a darme muerte llegasteis?
	    ¿Cómo cumple de esta suerte
	un amigo noble y fiel
	obligaciones de aquél
	que en una deuda tan fuerte
	    le pone, cuando le fía
	su honor? Testigo es el cielo
	que otro bien, otro consuelo
	en mi ausencia no tenía.

Manuel	Los dos en esta ocasión,
	como un corazón tenemos,
	igualmente padecemos
	una misma confusión.
	    Sacadme primero vos
	de otra pena, y yo después
	os satisfaré; porque es
	fuerza que estemos los dos
	    solos cuando haya de hablar,
	porque os importa el secreto.

Luis
    Que estoy rendido, os prometo,
a un pesar y otro pesar.
    Y, por salir del cuidado
que vuestro recato advierte,
abreviemos de esta suerte.
¿Es vuestro aquese criado?

Manuel
    Hasta San Lúcar venía;
en el camino le vi
y acaso le recibí.

Luis
    Pues válgale aqueste día
   ese sagrado. Ahora advierte,
villano, lo que te digo;
que no hay cada día un amigo
que te libre de la muerte.
    Vete pues.

Pedro
            Muy bien me está.
Mas quiero saber de ti
adónde has de ir desde aquí,
porque yo no vaya allá.

(Aparte.)
    (¿Dónde iré que no te vea?
Mas ya una industria advertí
para escaparme de ti,
y aqueste remedio sea
   que al fin, por no hablarte y verte,
pues tu enojo me destierra,
tengo de estarme en mi tierra,
pues me libro de esta suerte.)

(Vase.)

Luis   Ya estamos solos yo y vos
y, pues primero de mí
queréis saber quién aquí
nos ha juntado a los dos,
   sabed que fue en Portugal,
después que salí del río,
mayor el peligro mío;
porque al dejar su cristal
   la tierra que allí se ve
es tierra del Almirante
de Portugal; y al instante
que nos vio su amparo fue
   nuestro sagrado. Mas luego
que supo a quién —¡trance fuerte!—
don Alonso dio la muerte,
convertido en rabia y fuego,
   de su tierra nos echó;
que era el muerto su sobrino.
Contaros por el camino
lo que a los dos nos pasó
   será imposible. En efecto,
hasta San Lúcar llegamos
y el duque, al punto que entramos,
nos honró mucho, os prometo,
   porque, como es general
capitán en esta guerra
que hace el rey a Inglaterra,
generoso y liberal
   a don Alonso le dio
una jineta; él a mí
la bandera, y soy aquí
alférez; que es cuanto yo
   de mí he podido contaros.
Lo que sabéis ahora vos

decid, Manuel; que por Dios,
amigo, que, hasta escucharos,
   a vuestro acento y estilo
tan grande atención daré
que, mientras habláis, tendré
pendiente el alma de un hilo.

Manuel   Os arrojasteis al río,
y en este instante llegó
la justicia, y como os vio
luchar con el centro frío,
   desesperó de tomar
por entonces la venganza;
y, perdida la esperanza,
volvió corrida al lugar.
   Fuime yo a la casa vuestra,
adonde huésped me vi
y la merced recibí
que mi obligación hoy muestra.
   Mas el corazón recela
de contaros hoy alguna
en que duerme la Fortuna,
aunque es un Argos que vela.
   No sé cómo aquí prosiga,
ni que humano estilo halle
para que diga y que calle
lo que es bien que calle y diga.
   Mas si os acordáis, Luis,
que al despediros dijisteis
con voces al cielo tristes:
«Pues en mi casa vivís,
   mirad por mi honor, Manuel»,
con esto explicarme entiendo,
pues digo que vengo huyendo

porque he mirado por él.

Luis   Manuel, el curso veloz
tened que mi muerte labra;
que es áspid cada palabra,
basilisco cada voz,
    con que me matáis aquí,
de toda piedad ajeno.
¿A quién se ha dado veneno
en palabras, sino a mí?

Manuel   Juan Bautista, un labrador
rico, a vuestra hermana bella,
enamorádose de ella,
sirve con público amor.
    Llegó a tanto atrevimiento
que alguna noche escaló
nuestra casa.

Luis   ¡Ah, cielo!

Manuel   Yo,
que siempre velaba atento,
    de mi aposento salí;
hasta una cuadra llegué
donde embozado le hallé,
y dije resuelto así:
    «Esta casa, caballero,
es de un hombre de valor.
Alcaide soy de su honor.
Y así castigar espero
    osadía tan villana.»
Embisto osado y cruel
con él; pero luego él

se arrojó por la ventana.
    Tras él me arrojé; en la calle
otros dos hombres estaban
que la espalda le guardaban;
mas yo, dispuesto a matalle,
    a los tres acometí.
Al uno herí, otro cayó
muerto, y Juan Bautista huyó.
Consideradme ahora a mí,
    forastero, en tierra ajena,
cargado de una mujer;
mirad lo que puedo hacer
sino volver a más pena
    la espalda. Si en esto he errado,
solo habré errado la acción,
no a lo menos la intención.
Que, habiendo considerado
    que hiciérades vos, por Dios,
en lance tan infelice
lo mismo allí, así hice
yo lo que hiciérades vos.

Luis   Es verdad; pues si yo hallara
un hombre de esa manera,
darle muerte pretendiera
y a quien pudiera matara.
    Y así digo que habéis hecho
lo mismo que hiciera yo.
Quien del amigo pensó
que era un espejo su pecho,
    pensó bien; pues vos decís
defectos tan claramente
que nunca el tiempo desmiente.
Y, si mejor lo advertís,

                    cuando en un espejo crea
            la virtud que me aprovecha,
            lo que en mi mano es derecha
            izquierda en la suya vea;
                y así veo el cruel tiro
            ejecutado en los dos;
            pues voy a ver —¡vive Dios!—
            mi honor en vos y en vos miro
                mi agravio; que el cristal sabio
            poco lisonjero es,
            y honor, visto del revés,
            por fuerza ha de ser agravio.
                Ahora bien, cese el furor
            que me previno la guerra;
            volvamos a Salvatierra;
            porque es perder el honor
                dejarle en peligro tal.

(Sale don Alonso.)

Alonso   Luis Pérez, ¿qué hacéis aquí?

Luis   Suplícoos que, si en mí
            hubo alguna acción leal
                que mereció vuestra gracia,
            en mi ausencia lo mostréis
            con Manuel, y a él le daréis
            mi puesto; que una desgracia
                que en mi ausencia ha sucedido
            a Salvatierra me vuelve.

Alonso   Mirad...

Luis   A esto se resuelve

un hombre que está ofendido.

Alonso
    Con razones intentó
hoy mi amistad disuadiros;
pero cuando llego a oíros
que estáis ofendido, no.
    Antes quiero suplicaros
de mi parte, si lo estáis,
que a Salvatierra volváis,
Luis Pérez, para vengaros;
    pero advirtiendo primero
una cosa.

Luis
        ¿Qué es?

Alonso
                De aquí
no habéis de volver sin mí;
porque a vuestro lado espero
    volver, como amigo fiel;
porque no es razón que así
me saquéis del riesgo a mí,
y vos os quedéis en él.

Manuel
    Cuando a volver se resuelva
Luis Pérez, no faltará
quien vuelva con él, pues ya
es forzoso que yo vuelva.
    Su amigo soy, y no fuera,
pues traje la nueva, justo
meterle yo en el disgusto
para quedarme yo fuera.

Alonso
    Quien a Luis Pérez metió
en el disgusto, yo he sido;

pues, cuando llegué rendido
a pedir su amparo yo,
   él se estaba descuidado
en su quinta; luego fui
causa primera; y así
volver con él me ha tocado;
   porque, en fin, de polo en polo
por grosero estilo pasa
sacar a uno de su casa
y dejarle volver solo.

Manuel   Yo he de ir, que os quedéis o no;
porque disculpa no es
el que vos seáis cortés
para ser cobarde yo.

Luis   Noblemente os competís;
mas ninguno de los dos
ha de ir conmigo, por Dios.
Entrambos a dos venís
   de vuestra suerte fatal
huyendo, entrambos tenéis
causa para que os guardéis.
¿Fuera yo amigo leal
   si, con tan poco interés,
hoy dos amigos pusiera
a riesgo, y que no tuviera
a quien apelar después?

Alonso   Decís bien; mas yendo uno
solo, poco aventuráis
a perder, pues que guardáis
el otro.

Manuel	Si ha de ir alguno,
	yo he de ser.
Alonso	No, sino aquél
	que Luis Pérez escogiere.
Manuel	Yo soy contento. Prefiere,
	como amigo cuerdo y fiel,
	el que tú fueres servido.
Luis	Determinarme a ofender
	al uno, eso habrá de ser,
	ya que yo estoy convencido.
	Don Alonso tiene mucho
	hoy que perder; y así digo
	que Manuel vaya conmigo.
Alonso	¿De vos tal palabra escucho?
	¿A la vida anteponéis
	ningún interés humano?
	—¡Discurso inconstante y vano!—
	Mas ya que así me ofendéis,
	yo me he de vengar así.
	Para el camino llevad
	estas joyas y tomad
	esta poquedad de mí;
	que he de buscar a los dos,
	quizá en ocasión tan fuerte
	que libre a alguno de muerte.
Luis	Dadme los brazos, y adiós;
	que me importa dar castigo
	a una hermana y un traidor,
	y voy a sacar mi honor

del pecho de mi enemigo.
Las joyas tomo, por ser
de un amigo verdadero,
y de volverlas prefiero.

Alonso   Es agravio.

Luis   Esto ha de ser.

(Vanse. Salen Casilda e Isabel.)

Casilda   Oye y sabrás lo que pasa.
A Salvatierra ha venido
doña Leonor de Alvarado.

Isabel   ¿Con qué intento?

Casilda   Yo imagino
que la sangre de su hermano,
líquido imán, la ha traído
en venganza de su muerte,
y hoy con ella hablar he visto
a Juan Bautista.

Isabel   Pues de eso,
Casilda, ¿qué has inferido?

Casilda   Oye adelante. Confusa
de verle así a un conocido,
que es criado de Leonor,
le pregunté qué había sido
la causa porque Leonor
le admitió? Y éste me dijo
que en la información que hacía

el pesquisidor que vino
de la corte a averiguar
las muertes y los delitos
de don Alonso y tu hermano,
no había más de aquel dicho
que condenase a los dos.
Y agradecida, le hizo
tal honra; que solo medran
ya en el mundo los testigos
que dicen lo que pretenden
las partes.

Isabel   Mi muerte ha sido,
Casilda, tu voz. No digas
dichos y hechos tan indignos
de que los admitan —¡cielos!—
las voces y los oídos.
¿Juan Bautista con la lengua
se venga de lo ofendido?
¿Con los otros de un agravio
toma la venganza él mismo
que le compete? ¿Qué es esto?
¿Quién alguna vez ha visto
que se vengue el ofensor
y se ausente el ofendido?

Casilda   Pues supe más.

Isabel   ¿Qué?

Casilda   Que ha dado
querella de aquel amigo
de mi señor que mató
su criado, y ha querido

que el juez conozca de todo.

Isabel   Muy bueno anda el honor mío
si por culparle me culpan.

(Sale Pedro.)

Pedro (Aparte.)   (¡Qué largo ha sido el camino!
Y es porque al que huye parece
que el miedo le pone grillos.
¿Quién vio tomar por sagrado,
por amparo y por asilo
del delincuente la casa,
donde cometió el delito?
Ésta es mi señora.) Dame,
pues que tan dichoso he sido,
el enano de los pies,
ése de los puntos niño,
Benjamín de los juanetes,
y de las hormas resquicio;
y dime, por vida mía,
si mi señor ha venido
por acá.

Isabel   Pedro, tú vengas
con bien. Seguro imagino
estás aquí de él; porque él,
por cosas que han sucedido
en tu ausencia, vive ausente.

Pedro   Ya lo sé; mas no me fío
de eso yo, porque, si ahora
no está por acá, yo afirmo
que esté presto.

Isabel   ¿De qué suerte?

Pedro   Porque, habiendo yo venido,
                               no tardará mucho él;
                               que ha tomado por oficio
                               el andarse tras mí, hecho
                               fantasmita de poquito,
                               visión de capa y espada
                               y de mi temor vestiglo.

(Sale Juan Bautista.)

Juan (Aparte.)   (Si le condenan a muerte,
                               como merece el delito,
                               seguro estoy que no vuelva
                               a Salvatierra; que el dicho
                               basta para destruirle;
                               y éste es el intento mío.
                               Pero aquélla es Isabel.)
                               Dichoso el que ha merecido
                               llegar a tocar la esfera
                               por donde a rayos y visos
                               alumbran luces de oro
                               esos orbes cristalinos,
                               ese Sol, planeta humano,
                               noble envidia del divino.

Isabel   Basta, Juan Bautista, basta;
                               y, si hasta aquí le has tenido
                               por tal, ya no es Sol, planeta
                               de resplandores vestido,
                               de rayos sí, fulminados
                               dentro de mi pecho mismo,

donde son iras las luces
que el viento ilumina en giros.
En vano es, necio, grosero,
que loco y desvanecido
al Sol que dices llegaste
tan engañado al altivo
vuelo que hoy te da sepulcro,
sin ser tálamo de vidrio,
en las cenizas de un pecho
que ya es cárcel del olvido.
¿Quién de los agravios hechos
alevosamente hizo
lisonja? ¿Torpes venganzas
son méritos y servicios
para conquistar mi amor?
Si te hallabas ofendido
de mi hermano, con la espada,
cuerpo a cuerpo, en desafío
fuera digno desagravio,
y de más favores digno;
pero con la lengua no.
Mas no me espanto ni admiro
que a las espaldas se venguen
cobardes que no han podido
cara a cara. Esta mudanza
ha ocasionado aquel dicho;
porque ¿a quién no desobliga
un ruin trato, un mal estilo?

(Vase.)

Juan   ¡Escucha, Isabel!

Casilda   Con causa

se queja.

(Vase.)

Juan
                        ¡Infeliz he sido!
Por donde pensé ganar
más a Isabel, la he perdido.
¡A cuántos, cielos, a cuántos
han muerto los beneficios!

Pedro
            Si es que te deja el pesar
libre y en tu entero juicio,
da los brazos al que ausente
por tu causa ha padecido
un destierro y muchos sustos.

Juan
            ¿Pedro? Seas bien venido.

Pedro
            A tu servicio.

Juan
                        Si tú
vinieses a mi servicio,
¡qué dichoso fuera yo!

Pedro
            Habla, y verás si te sirvo.

Juan
            ¿No vives con Isabel?

Pedro
            Hoy he vuelto, e imagino
que habré de estarme en su casa;
que en fin es mi centro antiguo.

Juan
            Si tú esta noche me abrieses
la puerta, por que atrevido

llegase a satisfacerla
de estas cosas que la han dicho
de mí, quedaré obligado
a darte un rico vestido.

Pedro   ¿Qué puedo perder yo en eso?
A abrir la puerta me obligo;
mas ha de ser de esta suerte;
llamando tú, yo advertido
la abriré, sin preguntar
quién es, pues con artificio
tú entrarás, sin parecer
que tengo yo culpa.

Juan   Has dicho
bien. Y pues ya el Sol se esconde,
quiero irme. Prevenido
está, que yo vuelvo luego.

(Vase.)

Pedro   A los alcahuetes digo
que son de amor gariteros;
vaya un discurso al garito.
Pone un garitero casa,
el alcahuete es lo mismo,
los galanes son tahures
y entran en ella infinitos.
De aqueste juego el tahur
que da palmadas y gritos
es el celoso; que siempre
celos son voces y ruido.
El que pierde y el que calla
es tahur a lo ministro,

que entra y paga su dinero
sin sentirlo, con sentirlo.
El que juega sobre prenda
es el amante novicio,
que saca del mercader
ya la joya, ya el vestido.
El que hace alicantina
es el amante entendido,
que pierde y dice: «Esto es hecho;
necio el que pierde continuo».
Sobre palabra, es aquél
que promete y que, cumplido
el plazo, paga. El galán
que sirve por lo entendido,
con papeles estudiados,
es el fullero del vicio,
pues juega con cartas hechas.
Los mirones, que han venido
a enfadar, sin dar provecho,
son los vecinos prolijos;
que del garito de amor
mirones son los vecinos.
Las barajas de este juego
son las damas; bien se ha visto
ser todas ellas barajas.
Y para el barato, digo
que, cuando hay baraja nueva,
tiene seguro el partido.
Y al fin de cualquiera suerte,
dándole al discurso mío
pago el garito, jamás
escarmienta, aunque le hizo
denunciación la justicia;
pues le ha de costar lo mismo

la causa. Y así yo ahora,
sin temer otro peligro,
conmigo he de desquitarme
de lo que perdí conmigo.
    Pero Isabel es aquésta.

(Sale Isabel.)

Isabel   Casilda, pues que ya el Sol
en el piélago español
lecho de cristal apresta
donde abrasado se acuesta,
cierra esa puerta, y aquí
tú e Inés cantad; que así
en parte podré aliviar
mi tristeza y mi pesar.
Cantad tono triste.

(Llaman.)

                            Di,
    Inés, ¿oíste que a la puerta
llamaron? Quién es no sé
a estas horas.

Pedro (Aparte.)   (Yo pondré
que es el galán que concierta
que yo se la tenga abierta.)
Yo responderé.

Isabel   Ve, pues;
pero, sin saber quién es,
no abras.

Pedro   No haré, claro está;
(Aparte.)   (y es verdad, pues lo sé ya.)

(Vase.)

Isabel   Desde el cabello a los pies
                              temblando estoy. ¿Qué desvelo
                           es éste que me atormenta?
                           Y ¿qué ilusión me fomenta,
                           convertida en nieve y hielo,
                           una desdicha en recelo?

(Vuelve Pedro asustado.)

Pedro   ¡Señora!

Isabel   ¿Qué sucedió?

Pedro   Abrí la puerta, y se entró
                           un hombre en casa embozado.
(Aparte.)   (Bien así me he disculpado.)

(Sale Luis Pérez.)

Isabel   ¿Quién aquí ha entrado?

Luis   Yo.

Pedro (Aparte.)   (¡Qué miro!)

Luis   Yo soy, que vengo
                           a verte.

Isabel (Aparte.)   (¡Válgame Dios!)

Luis	Pues ¿de qué os turbáis las dos?
Pedro (Aparte.)	(¡Oh qué lindo miedo tengo! Aquí esconderme prevengo.)
(Escóndese.)	
Isabel	Pues ¿cómo te has atrevido a venir tan presumido aquí, sin ver el rigor de un juez pesquisidor que de la corte han traído contra ti, y en rebeldía
(Aparte.)	te tiene...(¡Desdichas fieras!)
Luis	Di.
Isabel	...condenado a que mueras?
Luis	No es la mayor pena mía esa, pues que ya venía dispuesto siempre a morir hombre que viene a sentir tus agravios.
Isabel	No te entiendo.
Luis	Yo remediarlo pretendo, no lo pretendo decir. Y, pues a aquesto he venido, fía de mí que lo haré. Y, mientras que yo no sé este juez a qué ha venido,

no tendré entero sentido.
Di todo lo que ha pasado,
di lo que hay averiguado
contra mí.

Isabel   Yo no sé más
de que a pregones estás
públicamente llamado;
   tu hacienda toda embargada,
y a mí para mi sustento
me dan un pobre alimento;
mas del pleito no sé nada.

Luis   No hables, hermana, turbada;
que, si yo he venido aquí,
es solamente por ti,
porque pretendo llevarte
conmigo; que en esta parte
no estás bien, pobre y sin mí.

Isabel   Y dices bien; que no quiero
dar a algún Ícaro alas;
que hay para un traidor escalas
y vuela mucho el dinero.

Luis   De tus razones infiero
cosas que han asegurado.
[....................-ado]
[.......................?]
[.......................?]
Más me aflige otro cuidado.

Isabel   ¿Y es...?

Luis	El no saber qué tiene
	escrito el juez contra mí;
	y no he de ausentarme así;
	que el saberlo me conviene.

Isabel	¿De quién lo sabrás?

Luis	Previene
	averiguarlo el valor
	del original mejor;
	y, pues ausencia he de hacer,
	¡vive Cristo, que ha de ser
	por algo! Y así, traidor,
	empiece en ti mi crueldad.

(Sale Pedro de su escondite.)

Pedro	Mejor es que acabe en mí;
	empieza en otro.

Luis	¿Tú aquí?

Pedro	Oye y sabrás la verdad.
	Viendo que necesidad
	tenías...

Luis	Pasa adelante.

Pedro	...tú de venir, al instante
	vine, porque me debieses
	que la cara no me vieses...

Luis	¿Cómo?

Pedro   ...viniendo delante.

Luis   ¡Muere, traidor!

(Dale Luis, y cae Pedro como que está muerto.)

Pedro   ¡Muerto soy!
                 Jesús, confe-...

(A Isabel.)

Luis   Ven conmigo;
                 que yo a librarte me obligo
                 de tantas desdichas hoy.
(Aparte.)   (Y pues a su lado estoy,
                 de la Troya de este fuego
                 la he de librar, pues que llego,
                 cielos, a verla abrasar.
                 Fama al mundo ha de quedar
                 de Luis Pérez el gallego.)

(Vanse Luis e Isabel, y levántase Pedro, mirando por donde van.)

Pedro   ¡Oh bendita mortecina!
                 Pues ahora me valiste,
                 sin duda para mí fuiste
                 invención santa y divina.
                 ¡Qué bien su dicha imagina
                 el que se encomienda a vos!
                 Y, pues se fueron los dos,
                 yo escaparé como un rayo
                 de un milagro de soslayo,
                 y aquello de «quiso Dios».

(Vase. Salen el Juez pesquisidor y Criado I.)

Juez

Poned en aquesta sala,
que corre fresco, un bufete
con recado de escribir
y todos esos papeles;
que quiero mirar ahora
por ellos lo que conviene
hacer, y de los testigos
lo que dicen cerca de este
caso que he de averiguar.

Criado I

Ya aquí prevenido tienes
cuanto mandaste, señor.

(Sale Criado II.)

Criado II

Un forastero pretende
hablarte, y dice que al caso
que has venido es conveniente
que le escuches.

Juez

Será aviso
sin duda. Decidle que entre.

(Salen Luis Pérez y Manuel al paño.)

Luis

Quédate tú en esta puerta,
Manuel, y a ninguno dejes,
mientras que yo estoy hablando,
que a ver ni escuchar se llegue.

Manuel

¿Qué es entrar? Llega seguro
y no hayas miedo que deje

entrar a persona alguna,
si no fuere yo. Esto advierte.

(Vase. Se adelante Luis Pérez.)

Luis   Beso al señor juez las manos,
a quien suplico se siente,
y quede solo; que tengo
que hablar cosas que convienen
a la comisión que trae.

Juez   Idos luego.

(Vanse Criado I y Criado II.)

Luis   Por si fuere
largo, me daréis licencia
de tomar un taburete.

Juez   Siéntese vuesa merced.
(Aparte.)   (Sin duda, algún caso es éste
de importancia.)

Luis   ¿Vuesarced
cómo en Galicia se siente
de salud?

Juez   Con ella estoy
(Aparte.)   para serviros. (Si fuese
de importancia.)

Luis   Pues al fin
vuesa merced me parece,
señor juez, que aquí ha venido

contra ciertos delincuentes.

Juez   Sí, señor, un don Alonso
de Tordoya y un Luis Pérez.
Contra el don Alonso es
sobre haber dado la muerte
a un don Diego de Alvarado,
noble y valerosamente
en el campo cuerpo a cuerpo.

Luis   Sepamos qué caso es éste
para traer de la corte
un hombre docto y prudente,
y sacarle del regalo
que a su cómodo conviene,
a averiguar una cosa
que a cada paso sucede.

Juez   No es el alma del negocio
ésta; que la más urgente
del caso es la resistencia
de la justicia, y ponerse
a herir un corregidor
un bellaco, un insolente
de un Luis Pérez, hombre vil,
que aquí vive de hacer muertes
y delitos. Pero yo
¿cómo hablo de aquesta suerte,
dando parte de mi intento,
sin saber quién sois? Conviene
que me digáis qué queréis;
porque no es cosa decente
hablar sin saber con quién.

Luis	Yo lo diré fácilmente, si en eso no más estriba.
Juez	Pues, decidlo ya.
Luis	Luis Pérez.
Juez	¡Hola, criados!

(Sale Manuel.)

Manuel	Señor, ¿qué es lo que mandás? ¿Qué quieres?
Juez	¿Quién sois vos?
Luis	Un camarada mío.
Manuel	Y soy tan obediente criado vuestro que estoy, porque otro ninguno entre a serviros sino yo, el tiempo que aquí estuviere.

(Vase.)

Luis	Vuesa merced, señor juez, no se alborote, y se siente otra vez; que falta mucho que hablar.
Juez (Aparte.)	(Consejo es prudente no aventurar hoy mi vida

con unos hombres que vienen
tan restados que sin duda
vendrá con ellos más gente.)
Pues ¿qué queréis, en efecto?

Luis   Yo he estado, señor, ausente
algunos días; hoy vine
y, hallando con diferentes
personas, todas me han dicho
cómo vuesa merced tiene
un proceso contra mí.
Preguntando qué contiene,
unos dicen una cosa
y otros otra. Yo, impaciente,
por no saber la verdad,
tuve por más conveniente
el venir a preguntarla
a quien mejor la supiese.
Y así, señor, os suplico,
si ruegos obligar pueden,
me digáis qué hay contra mí,
porque yo no ande imprudente
vacilando en qué será
lo que me acusa o me absuelve.

Juez   ¡No es mala curiosidad!

Luis   Soy curioso impertinente.
Mas, si no quiere decirlo...
éste el proceso parece.
El lo dirá y no tendré,
señor juez, que agradecerle.

(Toma el proceso.)

80

Juez	¿Qué hacéis?
Luis	Ojeo un proceso.
Juez	¡Mirad!
Luis	Vuesarced se siente

otra vez; que no quisiera
decírselo tantas veces.
La cabeza del proceso
es ésta; no pertenece
a mi intención, pues ya sé,
más o menos, qué contiene.
Vamos a la información.
El primer testigo es éste.
«Y, habiendo tomado en forma
juramento a Andrés Jiménez,
declaró que, al tiempo y cuando
vinieron los dos valientes
caballeros, él cortaba
leña, y que secretamente
riñeron solos los dos,
y que al fin de un rato breve
cayó en el suelo don Diego.
Y que, mirando que viene
a este tiempo la justicia,
el don Alonso pretende
escaparse en un caballo,
a quien en el suelo tienden
de un arcabuzazo. Y luego,
procurando velozmente
escaparse, llegó a pie
a la quinta de Luis Pérez

—aquí entro yo— el cual le dijo
con palabras muy corteses
al corregidor dejase
de seguir tan cruelmente
a un caballero, y no quiso;
y él, puesto en medio, defiende
el paso y resiste osado
al corregidor. No puede
decir, porque él no lo sabe,
dónde ni cuándo le hiriese.
Esto declara, so cargo
del juramento, que tiene
hecho.» Y dice la verdad;
que es un hombre Andrés Jiménez
muy de bien y muy honrado.
Segundo testigo es éste.
«Gil Parrado, que al ruido
de la confusión y gente
se salió de Salvatierra,
y llegó cuando pudiese
ver a Luis Pérez riñendo
con todos, y pudo verle
después arrojar al río,
y no sabe más.» ¡Qué breve
y compendioso! Tercero,
Juan Bautista. Veamos «este
cristiano viejo» qué dice.
«Que él estaba entre unos verdes
árboles, cuando salieron
a reñir, y que igualmente
reñían, cuando salió
de una emboscada Luis Pérez
y al lado de don Alonso
se puso, y los dos aleves

dieron la muerte a don Diego
cobarde y traidoramente.»
¿Quiere usted, oh señor juez,
saber mejor quién es este
hombre? Pues es tan infame
que confiesa claramente
que una traición vio y se estuvo
quieto. ¡Vive Dios, que miente!
«Que se puso don Alonso
en el caballo; y por verse
Luis Pérez a pie, se opuso
a la justicia, a quien hiere
y mata.» ¡Este es un judío!

(Arranca una hoja del proceso.)

Dad licencia que me lleve
est[a] hoja; que yo mismo
la volveré, cuando fuere
menester, porque he de hacer
a este perro que confiese
la verdad, aunque no es mucho
y es verdad, que no supiese
confesar este judío,
porque ha poco que lo aprende.
Y si es que atento a lo escrito,
deben sentenciar los jueces,
no han de ser falsos testigos;
que también los jueces deben
escuchar en el descargo.
Vuesa merced considere
qué delito cometí
en estarme quietamente
a la puerta de mi quinta.

Si allí la desdicha viene
a buscarme, ¿cómo puedo
huirme de ella? Y si lo advierte,
desdicha que no se busca
la disculpa el que es prudente.

(Dentro.)

Voz   Toda la gente está junta.
Él que está dentro es Luis Pérez.
¡Entrad, prendedle!

Manuel   ¡Está aquí
un monte que le defiende!

Luis   Manuel, dejadles la puerta;
que ya no importa que entren,
pues sé lo que he pretendido;
y veréis que los que quieren
entrar por la puerta salen
por las ventanas.

Voces   ¡Prendedle!

Juez   ¡Deteneos!
(A Luis.)   Yo os prometo,
como hombre de bien, Luis Pérez,
si os dais a prisión, de ser
vuestro amigo eternamente.

Luis   No quiero amigos letrados;
que no obligan a los jueces
las palabras, que ellos hacen
a propósito las leyes.

Juez	Ved que, si no os dais, que puedo daros en pública muerte el castigo.
Luis	Aqueso sí; dádmela cuando pudiereis;
Juez	Pues ¿ahora no puedo?
Luis	No; porque en mis brazos valientes estoy seguro.
Juez	Llegad, matadlos, si se defienden.

(Salen Alguacil I y Alguacil II.)

Manuel	¡A ellos, Luis Pérez!
Luis	¡A ellos, valeroso Manuel Méndez! Las luces he de matar a ver si a oscuras se atreven.

(Apaga las luces.)

Unos	¡Qué asombro!
Juez	¡Qué confusión!
Luis	¡Canalla, viles, aleves! ¡Nombre ha de quedar famoso

hoy del gallego Luis Pérez!

(Pónense Luis y Manuel a un lado, la justicia y los alguaciles a otro, y méten-
los a cuchilladas.)

Fin de la segunda jornada

Jornada tercera

(Salen Luis Pérez, Isabel, doña Juana y Manuel.)

Luis   Este monte eminente,
cuyo arrugado ceño, cuya frente
es dórica coluna
en quien descansa el orbe de la Luna
con majestad inmensa,
nuestro muro ha de ser, nuestra defensa.
Y, pues que no pudieron
prendernos los cobardes que vinieron
de la ocasión llamados,
contra solos dos hombres tan honrados,
pierdan ya la esperanza
de lograr con mi muerte la venganza;
pues es fuerza que ahora
quien el camino que he elegido ignora
en otra parte sea
donde me busque. ¿Quién habrá que crea
que aseguro mi vida
en un monte cerrado y sin salida?
Pues por aquella parte
es nuestra tierra, y por esotra el arte
de la naturaleza,
con las ondas del río y la aspereza
que sus muros defiende,
foso es de plata que abrazar pretende
este verde Narciso,
que a su cristal desvanecerse quiso,
en cuyo centro fuerte
habemos de vivir de aquesta suerte.
La intrincada maleza
depósito ha de ser de la belleza

de tu esposa y mi hermana.
Aquí estarán en esta selva ufana,
dando al tiempo colores,
nieve al enero como al mayo flores.
De noche a esta pequeña
aldea, que es lunar de aquella peña,
podemos retirarnos,
seguros que no vengan a buscarnos;
los dos nos bajaremos
a los caminos, donde pediremos
sustento a los villanos
de estas aldeas. Pero no tiranos
hemos de ser con ellos;
que solamente lo que dieren ellos
habemos de tomar. De esta manera
hemos de estar hasta que el cielo quiera
que, habiéndonos buscado,
hayan perdido el tiempo y el cuidado,
y seguros podamos
salir de aquí y a otra provincia vamos,
donde, desconocidos,
de la Fortuna estemos defendidos,
si será parte alguna
reservada al poder de la fortuna.

Manuel   No es novedad, Luis Pérez generoso,
hallar un homicida valeroso
en la casa del muerto
sagrado, amparo y puerto;
que, como no presume ni malicia
que esté allí, la justicia
no le busca; de suerte
que la vida le da a quien él dio muerte.
Así nosotros hoy, parando en esta

montaña, a los contrarios manifiesta,
no han de venir, aunque noticia tengan,
a buscarnos a ella; y, cuando vengan,
solos los dos podremos
hacernos fuertes, pues aquí tenemos
las espaldas seguras,
guardadas bien de aquestas peñas duras
y de estas ondas suaves
que se compiten en enojos graves
cuando, con igual brío,
río se finge el monte, monte el río,
siendo en varias espumas y colores
peñasco de cristal y mar de flores.

Isabel   A los dos he escuchado,
corrida —ivive Dios!— de haber mirado
el desprecio villano
con que los dos habéis dado por llano
que estáis solos los dos en la campaña.
Yo, hermano, estoy contigo,
y a imitarte me obligo,
siendo mi brazo fuerte
escándalo del tiempo y de la muerte.

Juana   Yo vengo a ser aquí la más cobarde;
llegue mi queja, pues, aunque sea tarde,
que yo también me ofrezco
a matar y a morir.

Luis   Yo os agradezco
el aliento atrevido,
aunque en las dos han sido
errados pareceres;
que las mujeres han de ser mujeres.

Nosotros dos bastamos
a defenderos. Con aquesto vamos,
Manuel, hasta el camino,
donde hallar el sustento determino.
Las dos [nos] esperad en este puesto.

Isabel   Rogando al cielo que volváis tan presto
que ignore el pensamiento
si estuvisteis ausentes un momento.

(Vanse Isabel y doña Juana.)

Luis   Ya que en aquesta montaña
aseguradas se ven
hoy mi hermana y vuestra esposa,
no sin causa os aparté;
porque, ya que hemos quedado
los dos solos, [yo,] Manuel,
quiero en un negocio grave
tomar vuestro parecer.
Anoche, cuando leí
en la casa de aquel juez
mi proceso, hallé un testigo
tan infame y falso en él
que decía que había visto
cómo don Alonso fue
acompañado conmigo
a la campaña, y también
que traidoramente dimos
muerte alevosa y cruel
a don Diego de Alvarado
los dos. Ved ahora, ved
cómo se pueden sufrir
atrevimientos de quien

con la lengua ha pretendido
deslucir y deshacer
acciones de un desdichado
que en este estado se ve,
sin tener culpa mayor
que ser tan hombre de bien.

Manuel   Y ¿quién es ese testigo?

Luis   Cuando lo sepáis, veréis
que es mayor mi sentimiento,
porque Juan Bautista es.

Manuel   Es un cobarde; y así,
Luis Pérez, no os admiréis,
que el cobarde siempre apela,
como sin valor se ve,
del tribunal de las manos
a la lengua y a los pies.
Vamos, y en medio del día,
sin recelar ni temer
la muerte, públicamente,
delante del mismo juez,
saquémosle de su casa
o dondequiera que esté,
y llevémosle a la plaza,
donde diga cómo es
testigo falso; que yo,
de mirar que le dejé
vivo la noche de marras,
estoy picado también.

Luis   Esto ha de ser en efecto,
amigo; pero ha de ser

disponiéndolo mejor;
y las pendencias, sabed
que han de ser de dos maneras;
este discurso atended.
Pendencia que a mí me llame,
como quiera que yo esté,
me ha de hallar dispuesto siempre,
salga mal o salga bien;
mas la que yo he de buscar
con mi seguro ha de ser;
que del nadar y el reñir
el guardar la ropa fue
la gala. Gente he sentido;
llegad conmigo, veréis
del modo que he de vivir,
tomando lo que me den,
sin hacer agravio a nadie;
que soy ladrón muy de bien.

(Sale Leonardo.)

Leonardo   Saca, Mendo, esos caballos
de esta montaña; porqué
en su amena población
un rato quiero ir a pie.

Luis   Bésoos las manos, señor.

Leonardo   Vengáis, hidalgo, con bien.

Luis   ¿Adónde bueno camina
con tal Sol vuesa merced?

Leonardo   A Lisboa.

Luis   Y ¿de dó bueno?

Leonardo   Hoy salí al amanecer
                 de Salvatierra.

Luis   Dichoso
                 soy, que deseo saber
                 qué hay de nuevo en Salvatierra,
                 y haréisme mucha merced
                 en decírmelo.

Leonardo   No hay
                 cosa digna de saber,
                 sino solo travesuras
                 de un hombre que dicen que es
                 escándalo de esta tierra
                 con su vida, el cual, despúes
                 de herir un corregidor
                 un día, por no sé qué,
                 y matar un criado suyo,
                 anoche en casa del juez
                 pesquisidor diz que entró
                 por curiosidad a leer
                 su proceso.

Luis   Es muy curioso.

Leonardo   Y, queriéndole prender,
                 de entre todos se escapó
                 con un hombre que también
                 dicen que es facineroso
                 y homicida como él.
                 Anda toda la justicia

buscándolos; pienso que
según tienen los deseos,
no se escaparán por pies.
Esto hay de nuevo.

Luis   Yo ahora
quisiera de vos saber,
señor —que, en lo que habéis dicho
hombre cuerdo parecéis—,
qué es lo que hiciérades vos
si llegárades a ver
un amigo en un aprieto
y que, echando a vuestros pies,
os pidiera que amparaseis
su vida?

Leonardo   Puesto con él
a su lado, me restara,
hasta morir o vencer.

Luis   ¿Fuérades facineroso
por eso?

Leonardo   No.

Luis   Y si después
os dijeran que tenía
hecha información el juez,
en que le probaba muertes
y delitos por hacer,
¿procurárades mirar
la causa y de ella saber
quién era en ella testigo
falso?

Leonardo	Sí.
Luis	Decidme, pues, otra cosa. Si este hombre llegase por esto a ver su persona perseguida, sin hacienda, y sin tener con que sustentar su vida, ¿no hiciera, señor, muy bien en pedirlo?
Leonardo	¿Quién lo niega?
Luis	Y si aqueste tal a quien lo pidiese no lo diese, ¿no hiciera también muy bien en tomarlo?
Leonardo	Claro está.
Luis	Pues si está claro, sabed que soy Luis Pérez, que vivo de la manera que veis, y que os pido socorráis mi desdicha. Ahora ved en qué obligación estoy, si vos, señor, no lo hacéis.
Leonardo	Para que os socorra yo, Luis Pérez, no es menester convencerme con razones; porque soy hombre que sé lo que son necesidades.

               Si esta cadena no es
               bastante para las vuestras,
               palabra os doy de volver
               con mi hacienda a socorreros.

Luis   Noble en todo parecéis.
               Mas antes, señor, que tome
               la cadena, he de saber
               si me la dais por temor,
               ahora que solo os veis
               en el campo.

Leonardo   No os la doy,
               Luis Pérez, sino por ver
               vuestra desdicha; y lo mismo
               hiciera ahora, a tener
               un escuadrón de mi parte.

Luis   Con eso la tomaré;
               que de mí no ha de decirse
               que cosa ruin intenté;
               pues, cuando llegue a costarme
               la vida el rigor cruel
               de mi estrella y mi destino,
               consolado moriré
               con que la fama dirá,
               «Esta la justicia es
               que manda hacer la Fortuna
               a éste, por hombre de bien.»

Leonardo   ¿Mandáis otra cosa?

Luis   No.

Leonardo	Luis Pérez, el cielo os dé la libertad que deseo.
Luis	Acompañándoos iré, hasta salir de este monte.
Leonardo	Amigo, no hay para qué.

(Vase.)

Manuel	Bueno es querer reducir a estilo noble y cortés el hurtar.
Luis	Esto es pedir, no es hurtar.
Manuel	Quien llega a ver dos hombres de esta manera pidiendo limosna, ¿es bien se la nieguen?

(Salen Villano I y Villano II.)

Villano I	He comprado, como os digo, todo aquel majuelo de somo el valle.
Villano II	¿El que de Luis Pérez fue?
Villano I	El mismo; que la justicia lo vende todo, porqué de aquí ha de pagar las costas al escribano y al juez,

y así le llevo el dinero.

Luis

Éste conocido es,
seguro puedo llegar,
porque sus entrañas sé.
Antón, ¿qué hay de nuevo?

Villano I

¿Luis?
¿Qué es esto? ¿Aquí os atrevéis
a estar, cuando el mundo os busca?

Luis

¿Con mi riesgo no podré?
En fin, esto no es del caso.
Pues sois mi amigo, atended;
yo tengo necesidad,
cosa infame no he de hacer;
vos lleváis ahí dineros
con que ayudarme podéis;
ni me he de dejar morir,
ni yo os tengo de ofender;
y así, os podéis ir seguro;
vos mirad cómo ha de ser,
y de ése en esto algún corte
que a todos nos esté bien.

Villano I

¿Qué medio se puede dar
sino que vos le toméis?

(Dale los dineros.)

(Con esto guardo mi vida;
que, a negarlo, cierto es
que aquéste me la quitara.)

Luis

Yo el dinero tomaré,
pero advirtiendo primero
que es porque vos le ofrecéis

de muy buena voluntad.

Villano I   Que la tengo, bien se ve,
de serviros. Pero a mí
me ha de hacer falta también.

Luis   Eso no entiendo. ¿De suerte
que vos, si pudiera ser
defenderlo, no lo dierais?

Villano I   Está claro.

Luis   Pues volved
a tomar vuestro dinero
e id con Dios; porque no es bien
que se diga de Luis Pérez
que robó a alguno; porque
decirse de mí que yo
necesitado tomé
de quien me dio, poco importa;
pero decirse que fue
con violencia, importa mucho.
Tomad el dinero, pues,
e idos con Dios.

Villano I   ¿Qué decís?

Luis   Digo, amigo, lo que veis.
Id con Dios.

Villano I   De tus contrarios
el cielo te libre, amén.
Yo llevo aquí seis doblones;
no lo sabe mi mujer;

de ellos te puedes servir.

Luis   Ni una blanca tomaré.
                Idos con Dios; que ya es tarde,
                y ya el Sol se va a poner.

(Vanse Villano I y Villano II. Sale don Alonso.)

Alonso (Aparte.)   (No en vano, amistad, mandó
                la gentilidad hacer
                altares a tu deidad,
                pues eres la diosa a quien
                el humano pensamiento
                da su adoración con fe;
                pues llego buscando así,
                por ser amigo fiel,
                uno a quien debo la vida;
                que no es de la amistad ley
                que, porque él me deje solo,
                haya de dejarle a él.
                Gente hay aquí; cubrir quiero
                el rostro, por si me ven.)

Luis   Caballero, la Fortuna
                fuerza a dos hombres de bien
                a pedir de esta manera
                que algún socorro les dé,
                por no tomarlo de otra.
                Si es que ayudarnos podéis
                con algo que no haga falta,
                nos haréis mucha merced,
                y si no, ahí está el camino,
                y a Dios, que os lleve con bien.

(Se descubre don Alonso.)

Alonso   Luis Pérez, de mi dolor
mi llanto respuesta os dé
y mis brazos. ¿Qué es aquesto?

Luis   ¿Qué es lo que mis ojos ven?

Alonso   Dadme mil veces los brazos.

Luis   Cuando en el mar os juzgué,
cortesano de las ondas
y vecino de un bajel,
a Salvatierra venís?
Decidme, señor, a qué.

Alonso   Buscándoos; porque yo apenas
desde la playa miré
la armada y para embarcarme
en la lancha puse el pie,
cuando me acordé de vos,
y tan corrido me hallé
de haberos dejado, Luis,
venir, que determiné
seguiros, por no pasar
con tal cuidado. Esto es
ser amigo; que un amigo
no se ha de dejar perder
por un agravio que haga,
pues de la suerte que veis
el agravio que me hicisteis
tengo de satisfacer.
A morir llego con vos;
aquí, amigo, me tenéis.

¿Qué queréis hacer de mí?

Luis
Dadme mil veces los pies.

Alonso
Dadme vos cuenta de vos.

Luis
En este monte Manuel
y yo vivimos, vendiendo
las vidas al interés
de más vidas.

Alonso
Ya he venido
yo, y esto, Luis, ha de ser
de otra suerte. Aquesa aldea,
que está de ese monte al pie,
es mía. Si yo entro en ella
en el traje que me veis,
en la casa de un vasallo,
de quien fiarme podré,
viviremos más seguros,
hasta que determinéis
el negocio a que venís
y qué es lo que habéis de hacer.
Esperadme en este puesto;
dispondrélo, y volveré
a avisaros; y, en efecto,
para el mal y para el bien
hemos de correr desde hoy
una fortuna los tres.

(Vase.)

Luis
¡Qué amigo!

Manuel   Por esta parte
                 viene un confuso tropel
                 de gente.

(Ruido dentro.)

Luis   Estos muchos son.
                 Apelemos a los pies
                 y a la aspereza del monte.

Manuel   Si pretendemos correr,
                 las ramas, lenguas del bosque,
                 dirán que anda gente en él.
                 ¿Qué haremos?

Luis   Aquestas peñas
                 sean rústico cancel
                 que nuestras personas guarden;
                 pues aquí estaremos bien,
                 entre estas peñas echados.

Manuel   Ya será fuerza tener
                 ése por mejor remedio,
                 pues no hay otro que escoger,
                 que llegan cerca.

Luis   Montañas,
                 sepulcro de un vivo sed.
                 Diráse de mí que voy
                 al sepulcro por mi pie.

(Échanse Luis Pérez y Manuel en el suelo, quedando encubiertos con algunas ramas. Salen doña Leonor, Juan Bautista y criados.)

Juan	Aquí, señora, entre las varias flores,
	defendida de pálidos doseles
	que defienden al Sol los resplandores,
	coronadas de mirtos y laureles,
	puedes, haciendo alfombras sus colores,
	de los rayos huir iras crueles,
	pues la saña del Sol en este monte
	precipicios avisa de Faetonte.

Leonor	No puedo, aunque de esferas de diamante
	lleva rayos el Sol, volver un paso
	atrás, pues la salud del almirante
	me llama a ser aurora de su ocaso.
	Con todo, esperaré este breve instante
	por ver si el Sol, desvanecido acaso,
	se emboza en las cortinas de una nube,
	altiva garza que a los cielos sube.

(Sale el Juez Pesquisidor con ministros de la justicia.)

Juez	Andando ahora en busca, oh Leonor bella,
	de estos hombres a quien el cielo esconde,
	pues un rastro, una estampa, ni una huella
	a mi solo deseo corresponde,
	supe la nueva triste que atropella
	vuestra inquietud, y vine luego donde
	ninguna ocupación, señora, impida
	rendir a vuestras plantas esta vida.

(Aparte los dos.)

Luis	Manuel, ¿oís?

Manuel	Más quedo hablad.

Luis	Supuesto
	que a castigar ese traidor villano
	con pública venganza estoy dispuesto,
	¿qué ocasión podrá hallar jamás mi mano
	mejor que verle ahora en este puesto,
	donde alabanza, honor y gloria gano,
	volviendo por mi honor y el de un amigo,
	juntando el juez, la parte y el testigo?
	Yo salgo.
Manuel	Mirad bien...
Luis	Ya estoy restado;
	mi honor defiendo a riesgo de mi vida.
Manuel	Llegad, pues que ya estáis determinado;
	que yo no es bien que vuestro honor impida.
	Mas esperad un poco; que ha llegado
	mucha gente.
Luis	¡Ay de mí! Ya veo perdida
	la ocasión.
Leonor	Gente viene.
Juez	¡Hola! ¿Qué es eso?

(Salen Alguacil I y Alguacil II con otros que traen a Pedro agarrado.)

Alguacil I	Un hombre que del monte traen preso.
Alguacil II	Este villano, señor,
	fue de Luis Pérez criado.

Camino le hemos hallado
de Portugal. Y en rigor
   sabe de él, porque aquel día
que Luis Pérez se ausentó
de Salvatierra faltó,
volvió ayer y ahora huía.

Juez   Muy grandes indicios son.

Pedro   Sí, señor, lo son muy grandes;
porque en Alemania, en Flandes,
en la China y el Japón
   que esté yo, ya estará él.

Juez   Pues di, ¿ahora dónde está?

Pedro   Presto a buscarme vendrá;
que es un amo tan fiel
   que hoy —mirad que esto os digo—
si preso me llega a ver,
él se dejará prender
por solo encontrar conmigo.

Juez   ¿Dónde está, en fin?

Pedro   No lo sé;
mas me atreveré a jurar
que cerca debe de estar.

Juez   ¿De qué lo infieres?

Pedro   De que,
   si sabe que estoy yo aquí,
es fuerza que esté también,

porque me quiere muy bien
y no se aparta de mí
    y, hablando de veras, digo
que, si donde está supiera,
luego al punto lo dijera,
por huir de su castigo;
    pues el mayor que yo espero
es Luis Pérez. Si falté
de esta tierra, señor, fue
huyendo rigor tan fiero;
    fui a Portugal, y en él vi
a Luis aquel mismo día;
paséme a Andalucía,
y también vi a Luis allí;
    volvíme a esta tierra, y luego
Luis a esta tierra volvió,
donde anoche me dejó
por muerto. Libre del fuego
    me vi y quíseme escapar,
auséntandome otra vez,
y esta gente, señor juez,
me alcanzó al primer lugar.
    Prendiéronme por criado
suyo, pero no lo soy.
A vuestras plantas estoy,
de ningún modo culpado.
    Mas digo que, si a mi amo
queréis cazar, me pongáis
en el campo donde estáis
por señuelo y por reclamo;
    que yo pondré la cabeza
si él a picar no viniere,
y en vuestra red no cayere.

Juez	Tu locura o tu simpleza
	no te han de librar de mí.
	dime presto dónde está
	o un potro decirlo hará.
Pedro	Nunca buen jinete fui
	y, a saberlo, cosa es clara
	que, huyendo dolor tan fiero,
	me desbocara primero
	que el potro se desbocara;
	pero no lo sé.
Juez	Ahora bien;
	a esa aldea le llevad
	preso, y allí le encerrad,
	asistiéndole muy bien
	hasta que traza se dé
	de que a Salvatierra vaya;
	y mucho cuidado haya
	en guardarlo, pues se ve
	en su brío y su desgarro
	que es hombre de gran valor,
	supuesto que su señor
	se valió dél.
Pedro	¿Tan bizarro
	le he parecido? Por Dios,
	[que para guardarme a mí,]
	de cuatro hombres que hay aquí
	sobran tres, de tres los dos,
	de dos uno, y aun de uno
	la mitad, de la mitad
	el ninguno; y, en verdad,
	que del ninguno el ninguno.

(Vanse Alguacil I, Alguacil II y los otros ministros, llevando a Pedro.)

Juez   Vamos.

Luis   Pues que ya se fueron
                los que las armas tenían,
                y que los cielos me envían
                la ocasión que pretendieron
                    mis deseos, pues mejor
                nunca la pudiera hallar
                que ver en este lugar
                juntos al juez, a Leonor
                    y a Bautista, sin más guarda
                que sus personas, no espero
                mejor ocasión, y quiero
                lograrla.

Manuel   ¿Qué te acobarda?

Juez   ¿Dónde esta gente estará?

(Salen Manuel y Luis.)

Manuel   Aquí, si ignorarlo siente.

Luis   ¡Guarde Dios la buena gente!
                Todos estamos acá.

Juan   ¡Cielos! ¿Qué es esto que miro!

Leonor   ¡Ay de mí!

Juez   ¡El cielo me valga!

Luis	Ninguno deje su puesto; esténse como se estaban, mientras que al señor Bautista le digo cuatro palabras.
Juez	¡Hola!
Luis	No, no os alteréis.
Manuel	El llamar no es de importancia, si no queréis que os respondan criados que en vuestra casa os sirvieron otra vez.
Juez	¿Así mi poder se trata? ¿Así el respeto se pierde a la justicia?
Luis	¿Quién guarda más su respeto que yo, supuesto, señor, que en nada os ofendo, antes os sirvo con puntualidades tantas que, porque vos no os canséis buscándome en partes varias, vengo a buscaros?
Juez	¿Así os pone vuestra arrogancia delante de la señora que es la parte a quien agravia la traición que ha derramado la sangre que la venganza

está pidiendo a los cielos,
con lengua que finge el nácar
de estas flores, que han vivido
desde entonces con dos almas?

Luis   Antes con esto la obligo,
pues que la quito la causa
de un rencor tan indignado
a su sangre ilustre y clara,
por haber crédito dado
a un testigo que la engaña.
O si no, decid, señora,
si cuerpo a cuerpo matara
don Alonso a vuestro hermano,
sin traición y sin ventaja,
¿siguiérades rigurosa
el castigo y la venganza?

Leonor   No; porque, aunque a las mujeres
las leyes les son negadas
de los duelos de los hombres,
las que mi valor alcanzan
saben las obligaciones
que se debe a una desgracia.
Si en igual campo a don Diego
hubiera muerto, en mi casa
estuviera don Alonso
seguro de mi venganza.
Yo misma —¡viven los cielos!—
la amparara y perdonara,
a ser noble su desdicha.

Luis   Pues yo tomo esa palabra;
y, pues la ley del derecho

nadie la ignora, asentada
ley es que se ratifique
el testigo o que no valga.
Éste, Bautista, es tu dicho.
Hele leído, y declara
lo que es verdad y mentira.

(Dale a Juan Bautista el papel.)

Leonor (Aparte.)   (¡Determinación bizarra!)

Luis   Primeramente tú aquí
dices que escondido estabas
cuando miraste reñir
a los dos en la campaña.
¿Ésta es verdad?

Juan   Sí lo es.

Luis   Dices que de entre unas ramas
me viste salir a mí
y ponerme con mi espada
al lado de don Alonso.
Pues sabes que aquí te engañas,
di la verdad.

Juan   Ésta lo es.

Luis   Miente tu lengua tirana.

(Dispara una pistola, y cae Juan Bautista en el suelo.)

Juan   ¡Válgame el cielo!

Luis
                  Señor
        juez, vuesa merced añada
        aquesta muerte al proceso;
        y adiós. Tú, Manuel, desata
        los caballos que han traído
        estos señores y marcha;
        que, pues aquí han de quedarse,
        no les harán mucha falta.
        Adiós.

(Vanse Luis Pérez y Manuel.)

Juez
                  ¡Por vida del rey,
        que tan soberbia arrogancia
        o me ha de costar la vida
        o ha de quedar castigada!

Juan
          Escucha, señora, y sabe
        que muero con justa causa;
        pues cuanto he dicho fingí
        por conseguir a su hermana.
        Don Alonso dio la muerte
        cuerpo a cuerpo y cara a cara
        a tu hermano. Esto es verdad;
        que a voces lo diga basta
        para que en mi triste muerte
        esta deuda satisfaga.

(Muere. Vuelven a salir Alguacil I, Alguacil II y los otros que llevaban preso
a Pedro, y él resistiéndose.)

Alguacil I
          A la voz de la escopeta,
        lengua de fuego, que habla
        a los vientos, hemos vuelto

a saber si algo nos mandas.

Juez   Venid todos; que Luis Pérez
aquí en este monte aguarda.

Pedro   ¿No lo dije yo, que había
de venir tras mí sin falta?

Juez   Hoy han de morir; y aquí,
porque aquéste no se vaya,
que bien se ve estar culpado,
queden dos hombrres de guarda
con él.

Pedro   Si era mi delito
callar dónde Luis estaba,
¿yo no dije que vendría
y vino? ¿Qué culpa hallan
en mí?

Juez   Los dos nos quedemos
con él. Ven, traidor, y calla.

(Vanse el Juez, Pedro, Alguacil I, Alguacil II, y todos los hombres, llevándose el cadáver de Juan Bautista.)

Leonor   Mucho sentiré que alcancen
este hombre; que, aunque airada
estuve con él, sabiendo
la verdad, con justa causa
podrá trocar el valor
en agravio la venganza.
La vida tengo de darle
si puedo, en desdicha tanta.

114

¡Que a tanto el valor obligue
que temple al mismo que agravia!

(Vase. Salen Luis Pérez y Manuel.)

Luis
Pues rendidos a su aliento
los caballos se desmayan,
en la espesura del monte
esperemos cara a cara.

(Dentro el Juez.)

Juez
En esta parte se esconden
entre las espesas ramas;
cercadlos por todas partes.

Manuel
Perdidos somos; que en tanta
gente no hemos de poder
defendernos, pues la espalda
no está segura jamás.

Luis
Sí está. Escuchad una traza;
si con toda aquesta gente
riñésemos cara a cara,
no podrán jamás cercarnos,
si estamos espalda a espalda,
pues hallarán siempre así
el rostro, el pecho y la espada.
Reñid vos con quien cayere
hacia esa parte, y sed guarda
de mi vida, y de la vuestra
yo.

Manuel
Pues si tú me la guardas,

seguro estoy, venga el mundo.

(Salen el Juez y todos los que pudieren, pónense los dos de espaldas y andan alrededor riñendo, y procuran apartarlos.)

Juez   ¡A ellos!

Luis   ¡Llegad, canalla!
                  Manuel, ¿cómo va?

Manuel   Muy bien.
                  ¿Qué hay por allá?

Luis   Linda daga.

Juez   Demonios son estos hombres.

Luis   Pues que ya nos desamparan
                  el puesto, ¡a la cumbre!

(Vase.)

Manuel   ¡Al monte!

(Vase.)

Juez   Seguidlos, y no se vayan.

(Vanse. Salen por lo alto Isabel y doña Juana.)

Isabel   Aquel arcabuz que oí,
                  de horror y tristeza lleno,
                  siendo para todos trueno,
                  rayo ha sido para mí.

¡Válgame Dios! ¿Qué será
el tardar Luis y Manuel?
Que un pensamiento cruel
asombro y temor me da.
    Amiga, ¿qué te parece?

Juana   ¿Cómo quieres que te den
respuesta voces de quien
la misma duda padece?

Isabel   Bajemos de esta montaña;
que menos mal es morir
de una vez que no sentir
muerte prolija y extraña.

(Salen Luis Pérez y Manuel.)

Luis   Procurad, Manuel, salir;
que una vez allá los dos,
a una escuadra —¡voto a Dios!—
no nos hemos de rendir.

Isabel   ¡Luis!

Juana   ¡Manuel!

Manuel   ¡Mi bien!

Luis   ¡Hermana!

Isabel   ¿Qué es esto?

Luis   Que el mundo viene
sobre nosotros.

Manuel   No tiene
                    el hado defensa humana.

(Recoge Isabel una piedra.)

Isabel   No temáis al mundo entero,
                    si os asegura, y no en vano,
                    este peñasco en mi mano,
                    y en las vuestras ese acero.

(Salen el Juez y su gente.)

Juez   Trepad la montaña arriba,
                    que, a pesar de ofensas tantas,
                    tengo de poner las plantas
                    sobre su cerviz altiva.
                        ¡Vive el cielo, que ha de ser
                    plaza todo este horizonte
                    y cadalso aqueste monte
                    que mi justicia ha de ver!
                        Quien me diere vivo o muerto
                    a Luis Pérez, le daré
                    dos mil escudos.

Luis   A fe,
                    que es muy barato el concierto;
                        tasáisme en precio muy vil;
                    yo os taso en más. Quien me diere
                    vivo o muerto al juez, espere
                    de mi mano cuatro mil.

Juez   ¡Tirad, matadle! ¡Del cielo
                    castigue un rayo a los dos!

118

(Disparan un arcabuz, y cae Luis.)

Luis   Muerto soy. ¡Válgame Dios!

Juez   Date a prisión.

Luis   ¿Cómo? Apelo
                a la espada. Mas ¡ay triste!,
                en pie no puedo tenerme.
                Llegad, llegad a prenderme.

(Viene rodando.)

Juez   Aun muerto se me resiste.

Isabel   Esperad, no le matéis
                o, si esa saña atrevida
                a él le quitó la vida,
                con ella no me dejéis.

Juez   Caminad a Salvatierra;
                que en tal presa voy contento.

(Vanse Luis Pérez preso, el Juez y su gente. Habla Manuel en lo alto.)

Manuel   ¡Suelta!

Juana   ¿Qué intentas?

Manuel   Intento
                despeñarme de esta sierra.

Juana   ¡Detente!

Manuel   ¡Suelta o, por Dios,
                que te arroje de mis brazos
                a ese valle, hecha pedazos,
                donde muramos los dos!

(Baja Manuel. Sale don Alonso muy alborotado.)

Alonso   ¿Qué es esto?

Manuel   Que llevan preso
                a Luis Pérez este día.
                A riesgo de la honra mía,
                de mi amistad el exceso
                  se ha de ver.

Alonso   Vamos tras él;
                que, aunque encubierto he venido,
                y estarlo aquí he pretendido,
                si ha llegado a tan cruel
                  estado y a tales puntos
                de un amigo los extremos,
                las máscaras nos quitemos,
                y muramos todos juntos.

(Vanse. Salen Alguacil I y Alguacil II con Pedro.)

Alguacil I   Bravo ruido es el que suena
                en el monte y en el valle.

Pedro   Espérenme aquí un poquito;
                que yo iré y, en un instante,
                bien informado de todo,
                veloz volveré a contarles

lo que pasa.

Alguacil II
Estése quedo,
y un átomo no se aparte,
o detendránle dos balas.

Pedro
Serán rémoras notables.
Ahora bien, pues que no quieren
que vaya y vuelva a informarles,
vayan y vuelvan los dos
a informarme a mí, que es fácil.

Alguacil II
No te habemos de dejar
un minuto.

Pedro
¿Hay más constantes
guardas? ¿Soy día de fiesta,
para que todos me guarden?
Si bien tengo aquí un consuelo,
y es que no vendrá a buscarme,
mientras preso estoy, Luis Pérez,
si este sagrado me vale.

Alguacil I
Gran gente viene a nosotros.

Pedro
Es verdad, y aquí adelante
vienen dos arcabuceros,
y detrás otros que tales.
En medio de todos cuatro
un hombre embozado traen,
y luego infinita gente.

(Salen el Juez y Alguacil III, Alguacil IV que traen a Luis Pérez embozado.)

Juez	¿Dónde aquel preso dejasteis?
Alguacil III	Aquí, señor.
Juez	Los dos juntos de aquesta manera marchen.
Alguacil IV	No podrá Luis, porque tiene hecho un brazo dos mil partes, y ya fallece, señor, con la falta de la sangre.
Juez	Dejadle cobrar aliento, y por ahora destapadle.
Pedro	Solo aquí pudo la suerte perseguirme y apurarme la paciencia. ¿Cuánto va que pára esto en que se hace un cepo para los dos, para los dos una cárcel, para los dos una horca, un cordel y un enterrarme con él en un mismo hoyo?
Luis	¿Quién aquí se queja?
Pedro	Nadie.
Luis	No temas, Pedro; que ya no tienes que recelarte; que ayer de matar fue día, y hoy de morir. ¡Ah inconstantes presunciones de los hombres,

qué desvanecidas yacen!

Juez   ¿Qué gente nos sale al paso
                allí, y tantas armas trae?

(Salen doña Leonor, doña Juana, Isabel y algunos criados.)

Leonor   Yo soy, con estas señoras,
                que, corrida de mirarme
                vengativa, por engaños
                de un traidor, quiero mostrarme
                piadosa y agradecida
                a desengaño tan grande.
                Dadme ese preso; que yo
                le perdono como parte.

Isabel   O si no, le quitaremos.
                Dadnos el preso al instante.

Pedro   ¿En qué ha de parar aquesto?

Luis   Hermosa Leonor, no trates
                de darme vida.

(Salen don Alonso, Manuel y otros.)

Alonso   Señor,
                escucha.

Juez   Otro nuevo lance
                es aquéste.

Alonso   Don Alonso
                de Tordoya soy; que sabe

agradecer de esta suerte
mi amistad acciones tales.
Aquesto es venir restados,
por eso no hay que excusarse
en entregarnos el preso.

Manuel   Cuantos miras aquí antes
morirán que desistir
de una acción tan admirable.

Isabel   Venga el preso.

Alonso   El preso venga.

Juez   Probad, si queréis llevarle.

Alonso   ¡A ellos, y mueran todos!

Leonor   Aquí estoy de vuestra parte,
don Alonso; pero luego
advierte que has de pagarme
el haber muerto a mi hermano.

Alonso   De eso ahora no se trate;
que yo os daré la disculpa.

Pedro (Aparte.)   (Y parará en que se casen.)

Alonso   ¿No hay remedio, señor juez?

Juez   No habrá remedio que baste.

Alonso   Pues, ¡ánimo y pelead!
¡Ea, amigos, dadles, dadles!

(Éntranlos a cuchilladas, y sale por otra puerta libre Luis Pérez con don Alonso.)

Alonso   Ya, Luis Pérez, estáis libre.

Luis   Don Alonso, amigo, antes
estoy preso; que quisiera
pagar acción semejante
y, mientras me desempeño,
mi vida a esas plantas yace.

Alonso   Dejad ahora cumplimientos.

Luis   ¿Qué haremos?

Pedro   Meterte fraile,
que es el camino mejor
para vivir y librarte.
Pero dime, ¿será hora
en que puedas perdonarme?
Harto he pasado por ti,
por caminos y con hambres.
Señor don Alonso, a vos
os suplico de mi parte
que me alcancéis el perdón.

Alonso   Luis Pérez,...

Luis   Amigo, baste;
yo le perdono por vos.
Vamos desde aquí al instante
por mi hermana y doña Juana,
pues quedaron de esperarme,

dando con aquesto fin
a las hazañas notables
de Luis Pérez, y su vida
dirá la segunda parte.

Fin de la comedia

Libros a la carta

A la carta es un servicio especializado para
empresas,
librerías,
bibliotecas,
editoriales
y centros de enseñanza;
y permite confeccionar libros que, por su formato y concepción, sirven a los propósitos más específicos de estas instituciones.

Las empresas nos encargan ediciones personalizadas para marketing editorial o para regalos institucionales. Y los interesados solicitan, a título personal, ediciones antiguas, o no disponibles en el mercado; y las acompañan con notas y comentarios críticos.

Las ediciones tienen como apoyo un libro de estilo con todo tipo de referencias sobre los criterios de tratamiento tipográfico aplicados a nuestros libros que puede ser consultado en Linkgua-ediciones.com.

Linkgua edita por encargo diferentes versiones de una misma obra con distintos tratamientos ortotipográficos (actualizaciones de carácter divulgativo de un clásico, o versiones estrictamente fieles a la edición original de referencia).

Este servicio de ediciones a la carta le permitirá, si usted se dedica a la enseñanza, tener una forma de hacer pública su interpretación de un texto y, sobre una versión digitalizada «base», usted podrá introducir interpretaciones del texto fuente. Es un tópico que los profesores denuncien en clase los desmanes de una edición, o vayan comentando errores de interpretación de un texto y esta es una solución útil a esa necesidad del mundo académico.

Asimismo publicamos de manera sistemática, en un mismo catálogo, tesis doctorales y actas de congresos académicos, que son distribuidas a través de nuestra Web.

El servicio de «libros a la carta» funciona de dos formas.

1. Tenemos un fondo de libros digitalizados que usted puede personalizar en tiradas de al menos cinco ejemplares. Estas personalizaciones pueden ser de todo tipo: añadir notas de clase para uso de un grupo de estudiantes,

introducir logos corporativos para uso con fines de marketing empresarial, etc. etc.

2. Buscamos libros descatalogados de otras editoriales y los reeditamos en tiradas cortas a petición de un cliente.

9 788498 164480